집 떠나 사는 즐거움

해인사
학인스님들의
속마음 100%
출가 일기

책을 펴내며

"한 아이를 키우기 위해 마을 하나가 필요하다"라는 서양 속 담이 있습니다. 이와 마찬가지로 승가에서 한 명의 비구를 길 러내기 위해서는 하나의 총림(叢林)이 필요합니다. 총림은 전 통적으로 선원, 강원, 율원을 모두 갖춘 사찰로 승가 대중이 화합을 이루어 사는 곳을 말합니다. 방장 큰스님부터 행자, 신 도에 이르기까지 한 명의 독립적인 수행자가 성장하려면 총 림을 구성하는 선원, 율원, 염불원, 종무소 할 것 없이 많은 사 람의 관심과 사랑이 요구됩니다. 그러한 총림을 구성하는 부 분 중 하나가 바로 가야산 해인사 속 해인사승가대학입니다.

현재 해인사승가대학에는 다양한 학인들이 교수사스님 들로부터 배우며 수행하고 있습니다. 열여섯 살 어린 학인부 터 쉰을 훌쩍 넘긴 학인까지 다양한 스님들이 한데 모여 있습 니다. 나이 차이만큼이나 살아온 배경과 가치관이 다르지만, 부처님 진리 속에서 서로 돕고 화합하며 살고 있습니다. 이 책 은 해인사승가대학 작문 수업 시간에 학인스님들이 과제로 제출한 원고를 정리해서 다시 엮은 것입니다. 해인사승가대 학 학장 소임을 맡아 투박한 듯하나 진실하고 꾸밈없는 학인 스님들의 자기 성찰을 접하면서, 이 이야기를 세상 사람들에 게 들려주면 좋겠다는 생각에 책으로 펴내게 되었습니다.

이 책의 저자인 학인스님들은 이제 막 불교에 입문해서

모든 것이 낯설고 어색한 시간 속에 있습니다. 하지만 그 속에서 나름의 구도 원력과 신심으로 하루하루 치열하게 정진하며 성장해가고 있습니다. 다들 알다시피 재가자의 삶에서 한 순간 출가자의 삶으로 전환하기란 결코 쉬운 일이 아닙니다. 고뇌와 번민 속에서 그 어려운 결단을 내린 이들의 진솔한 이야기가 여기에 고스란히 담겨 있습니다. 어떤 동기로 출가를 결심했고, 출가 이후에 어떤 생각의 변화를 겪고 있는지에 대한 생생한 기록이자 성찰입니다. 고단한 일상을 수행의 장으로 승화시켜 나가는 저마다의 이야기가 때로는 미소 짓게 만들고 때로는 감동으로 다가옵니다.

산중사찰에서 학인들을 지도하다 보면, 매번 새로운 출가자를 맞이할 때마다 어떤 가르침으로 새로운 시대의 학인들을 지도해야 할지 고민이 깊어집니다. 갈수록 세상의 변화가 만들어내는 파고는 높아만 가고, 마치 격랑을 넘어서는 배에 탄 듯이 위태로움과 혼란이 넘쳐나는 세상인지라 더욱 그렇습니다. 이럴 때일수록 옛 스승에게 길을 물어 방향을 잃지 않도록 중심을 잡아야 한다는 생각입니다. 수연불변(隨緣不變). "법에는 영원히 변치 않는 '불변'과 인연에 따라 뜻이 달라지는 '수연'의 뜻이 있으니, 이에 맞추어 글이나 방편을 베풀 수 있다." 서산대사 청허휴정(淸虛休靜, 1520~1604) 스님이 《선가귀감》이라는 저술을 통해 남기신 가르침입니다. 이것이 선문(禪門)의 전통을 지켜가면서도 글을 통해 시대의 생각과 고민을 담아내는 작업이 병행되어야 하는 이유입니다. 이 책의 기획 의도 또한 그러한 문제의식의 연장선에 있습니다.

이 책이 세상에 나오기까지 많은 분의 관심과 도움이 있었습니다. 먼저 방장스님과 주지스님을 비롯한 산중의 어른 스님들께 깊은 감사의 말씀을 전합니다. 그리고 무엇보다 학인들 지도에 여념이 없는 학감 법장 스님, 교수사 심공 스님과 금산 스님의 노고에 고마움을 전합니다. 또한 항상 승가대학에 큰 힘이 되어주시는 강원후원회 회장 최원철 거사님과 회원님들, '석좌보살'이라는 직함으로 과학 특강은 물론 승가대학 프로그램까지 후원해주시는 권희민·서정선·윤세웅·박영준 석좌교수님, 해인사승가대학에서 불교철학 강의로 인연을 이어가고 있는 미네소타주립대학교 홍창성, 유선경 교수님께도 감사드립니다. 마지막으로 이 책의 주인공인 해인사승가대학 학인스님들에게 뜨거운 응원의 박수를 보냅니다. 아무쪼록 이 책이 훗날 학인스님들이 스스로를 돌이켜 볼 때 재발심의 계기가 되고, 불자님들에게는 승보에 대한 이해를 넓혀주는 혜안이 되고, 출가를 진지하게 고민하는 분들에게는 소중한 길잡이가 되기를 기원합니다.

3부 꼭 해주고 싶은 말이 있습니다

1부

어쩌다 보니
스님이
되었습니다

꿀맛 같은 부르심이 있었다

지묘

나는 양산 통도사 재단의 불교 종립 고등학교인 부산 해동고등학교를 나왔다. 사실 처음부터 이 학교에 진학할 생각은 아니었다. 중학교에 다니면서 그 학교에 가면 매일 108배를 한다더라, 조회 시간마다 불교 의례를 한다더라, 심지어 머리를 빡빡 깎고 다녀야 한다더라 하는 온갖 소문을 들어왔기 때문이다. 한창 외모에 신경 쓸 나이에 빡빡머리라니! 있을 수 없는 일이다. 만약 원하는 학교에 지원해서 갈 수 있는 상황이었다면 결코 해동고등학교를 선택하지 않았을 것이다. 실제로 고등학교 지망 순위에서도 3순위로 꼽았을 정도다. 제발 그 학교만은 아니길 얼마나 바랐는지. 하지만 무심한 컴퓨터는 내 의지와 상관없이 해동고등학교를 나의 다음 모교로 선택해버렸다.

지금도 고등학교 입학식 날이 어렴풋이 기억난다. 17살 학생에게 아주 생소하고 독특한 인상을 남긴 날이었기 때문이다. 신입생들이 모인 학교 강당에서 풍기는 향냄새, 안내 책자에 적힌 낯선 단어들, 한복 같은 옷을 입고 단상 위에 앉아 있는 중장년 아저씨, 이상하고 웅장한 음악 소리…. 그날 나는 처음으로 '삼귀의'와 '사홍서원'이라는 단어를 알게 되었고 가사장삼을 입은 스님을 보았다.

얼떨결에 종립 학교에 다니게 되었지만 불교에는 전혀 관심이 없었다. 교내에 법당이 있다는 얘기를 들었지만 가보고 싶은 마음은 눈곱만큼도 없었다. 나에게 절이란 조용하다 못해 지루하고 따분한 곳, 무슨 말인지 모를 희한한 주문을 외는 곳, 딱 그런 이미지였다. 법당 근처를 지나갈 일이 있으면 일부러 다른 길을 골라서 피해 다닐 정도였다. 그랬던 내가 아주 우연한 계기로 법당에 발을 들여놓게 되었다.

나는 또래에 비해 용돈이 많이 적었다. 집 앞이 바로 학교라 용돈 탈 핑계를 만들 구실도 없었다. 유일한 핑곗거리가 참고서 구매였는데, 매달 가능한 것도 아니었고 나중에는 부모님이 현금이 아닌 카드를 주셨기에 그나마 있던 작은 희망마저 사라져버렸다. 그때 어린 마음에 새롭게 떠올린 아이디어가 급식이었다. 신청자에 한해 학교에서 급식으로 점심과 저녁을 먹을 수 있었는데 배고픔보다 용돈이 간절했던 나는 급식비로 부족한 용돈을 메우기로 했다. 하지만 굶는 것도 하루 이틀이지, 한창 혈기 왕성한 나이에 어떻게 배고픔을 참을 수 있으랴. 몇 번은 몰래 급식을 타 먹기도 하고 친구 밥을 얻어먹기도 했지만, 결국 주린 배를 채우기 위해 매점으로 달려갈 수밖에 없었다. 애써 모은 용돈은 흔적도 없이 사라졌다. 그런 나에게 한 줄기 빛처럼 구세주가 등장했다. 바로 초코파이였다!

그날도 어김없이 점심을 거르고 운동장에서 놀고 있었다. 친구들과 축구를 하는 와중에도 굶주림에 뭔가를 먹고 있는 이들에게 자꾸만 눈길이 갔다. 마치 신호를 찾아 자동으로 돌아가는 안테나처럼. 그런데 그날 낯선 장면이 눈에 띄었다. 매점에서 팔지 않는 초코파이를 먹고 있는 학생들. '어디서 난 거지?' 하고 궁금해하던 차에 저쪽에서 초코파이를 입에 물고 오는 학생들이 보였다. 그들이 걸어온 길을 거슬러 가보니 법당이 나왔다. 바깥에는 신발이 빼곡히 놓여 있었고 학생들이 자유롭게 법당을 드나들고 있었다. 그 모습을 호기심 어린 눈으로 지켜보는데 한 친구가 다가와 말했다. "법당에서 108배를 하면 초코파이를 줘." 심지어 공짜란다! 10분이면 108배를 할 수 있다는 얘기에 저절로 발길이 떨어졌다. 그렇게 초코파이를 향한 본능에 이끌려 처음으로 법당에 들어가게 되었다.

법당은 생각했던 이미지와는 사뭇 달랐다. 이래라저래라하는 사람도 없고 가사장삼 입은 스님도 없었다. 자유롭게 앉아서 책을 읽는 학생들, 선생님처럼 보이는 어른 한 분, 그들 사이에서 두꺼운 방석을 깔고 다급하게 엎어졌다 일어섰다 반복하는 학생들이 전부였다. 나도 그들 틈에 끼어서 108배에 도전했다. 평소에 자전거 타기를 좋아했던지라 다리 힘과 체력에 자신이 있었다. 30배까지는 아무렇지 않았다. 그런데 점점 다리가 아프기 시작하더니 급기야 중심을 바로잡지 못하고 후들거리기 시작했다. 간신히 108배를 끝내고 고개를 드니, 불단에 모신 부처님이 자애로운 미소로 나를 바라보고 있었다. 뭔가를 해냈다는 성취감에 부처님의 인자한 미소까지 받으니 말로 표현하지 못할 만큼 기분이 좋았다. 물론 그보다 좋았던 건 초코파이 맛이었다. 하루 종일 아무것도 먹지 못했으니 오죽했을까. 그야말로 꿀맛이었다. 힘든 몸을 이끌고 한쪽에 앉아 쉬고 있는데 은은한 향냄새와 마룻바닥 냄새가 절묘하게 뒤섞여 코끝을 맴돌았다. 모든 게 다 좋고 편안하게 느껴졌다. 그 후로 나는 매일 법당에 나갔다. 초코파이가 좋아서, 법당의 분위기가 너무 좋아서.

　법당에 나가면서 달라진 점은 꾸준히 절을 하면서 절제력이 생겼다는 점이다. 매번 자기 합리화를 이기지 못하고 '조금만 쉬었다가 하지 뭐' 하며 펜을 내려놓곤 했던 내가 '이것까지 끝내고 쉬어야지' 하며 스스로를 통제할 수 있게 되었다. 또 법당 입구에 있는 출석부에 기록된 개근 표시를 보면서 뿌듯함과 함께 '할 수 있다'는 자신감이 자랐다. 점점 성적이 오르고 이전보다 훨씬 밝고 긍정적인 태도로 바뀌어가는 걸 느낄 수 있었다. 실제로 우수 학생으로 선발되어서 고등학교 2학년은 장학금을 받으며 학교에 다녔다.

반복이 실력이라고, 매일 108배를 하니까 절하는 속도가 눈에 띄게 빨라졌다. 친구들과 누가 먼저 끝내나 내기를 할 정도였다. 이제 108배는 식은 죽 먹기였다. 가끔 특별 간식이 나오는 날에는 216배, 324배를 하기도 했지만 문제없었다. 그런 내가 눈에 띄었던지 하루는 선생님처럼 보이는 분이 나를 불렀다. 알고 보니 그분은 교법사였는데, 나에게 '파라미타'라는 불교 동아리에 들어올 생각이 없냐고 물으셨다. 봉사활동도 다니고, 여름 수련회도 가고, 다양한 활동을 하는 동아리라면서 말이다. 딱히 모임 활동을 하고 있지 않았던 나는 색다른 경험을 해보는 것도 재밌겠다 싶어서 흔쾌히 수락했다. 솔직히 말하면 공부보다 노는 게 더 좋아서 '놀거리' 생겼다는 생각으로 승낙한 것이다.

매주 일요일 아침에 봉사활동을 나갔다. 별일 없으면 봉사활동을 최우선 일과로 삼았다. 나중에 봉사활동 시간을 계산해보니 약 250시간 정도 됐다. 처음에는 봉사활동 시간을 늘리는 게 목적이었지만 갈수록 활동 자체가 좋아졌고 내 작은 손길이 어르신들에게 큰 도움이 된다는 사실이 기뻤다. 매번 따뜻하게 반겨주는 마음, 인생 선배로서 해주시는 조언, 돌아갈 때 너무너무 고맙다며 또 오라고 말씀해주시는 게 참 좋았다.

그 외에도 동아리 활동을 통해 다양한 경험을 할 수 있었다. 장구·북·꽹과리 등 사물놀이를 배워서 연등행렬에 참가하기도 했고, 지금은 가고 싶어도 갈 수 없는 북한 금강산에도 다녀왔다. 무엇보다 소중했던 인연은 한 스님과 1:1 결연을 맺게 된 일이었다. 급식비를 제외한 학교생활에 필요한 모든 비용을 스님이 전부 지원해주셨다. 직접 인사를 드린 적도 없고 법명을 기억하지도 못하지만 감사한 마음을 잊은 적이 없다. 이 자리를 빌려 스님께 감사의 말씀을 전한다.

또 하나 기억에 남는 일은 연말에 3,000배를 했던 일이다. 108배는 두세 번 거뜬히 해낼 정도였지만 3,000배는 엄두가 나지 않았다. 해보면 별거 아니라는 선배들의 꾐에 홀라당 넘어가 얼떨결에 시작했는데, 어찌나 힘이 들던지 젖먹던 힘까지 쏟아부어 마지막 반 배를 하고는 쓰러지듯 좌복

위에 대자로 뻗었다. 몸을 가눌 수 없을 만큼 힘들었지만 한 번 절할 때마다 하나씩 굴리던 염주의 첫 알이 다시 손에 잡혔을 때의 희열이란! 환희심이라고 표현하면 적절할까. 아직도 그날의 기억이 또렷하다. 3,000배를 마치고 후들거리는 다리를 겨우 이끌고 학교를 내려갔던 일, 후유증으로 며칠간 집에서 근신해야 했던 일까지 전부 다. 한편 이 사건에는 반전 포인트가 하나 있다. 나에게 3,000배를 권유했던 선배 중 단 한 명도 그날 법당에 나오지 않았다는 것이다. 이렇게 괘씸할 수가! 물론 입이 열 개라도 나는 할 말이 없다. 왜냐하면 나중에 나도 후배들에게 3,000배를 열심히 홍보하고는 나가지 않았으니까(웃음).

고등학교 3학년이 되어서는 공부한다는 핑계로 자연스럽게 법당을 찾지 않았다. 지금 생각하면 아쉽지만, 당시는 대학교 입시 준비에 올인해야 할 때라 다른 데 신경 쓸 겨를이 없었다. 그리고 시간이 흘러 대학을 결정해야 할 순간이 왔다. 원래 내 꿈은 검사가 되는 거였는데 법대에 들어갈 만한 성적은 못 되고, 그렇다고 재수할 만큼 집안 사정이 좋았던 것도 아니어서 이래저래 고민이 컸다. 고심 끝에 결정한 곳은 동국대학교였다. 예전에 교법사님이 해주신 이야기가 떠올랐기 때문이다. '동국대학교 불교학과에 진학하면 나중에 군법사가 될 수도 있고, 교법사가 되어 학교에서 일할 수도 있고, 대학원에 진학해서 교수가 될 수도 있어. 꼭 이런 일이 아니어도 어떤 진로를 선택하든지 삶의 든든한 토대가 되어줄 거야.' 누군가에게 감명을 주는, 누군가의 인생에 긍정적인 영향을 미치는 강의를 하고 싶다는 생각에 불교를 공부하기로 마음먹었다.

그런데 시작부터 난관에 부딪혔다. 아버지가 심하게 반대하셨다. 기껏 돈 들여서 대학교에 보내는데 배운다는 게 그런 거냐고, 현실과 이상은 구분하며 살아야 하지 않겠냐며 만류하셨다. 지금은 누구보다 내가 선택한 길을 열렬히 응원해주시지만 그때는 설득이 쉽지 않았다. 겨우 부모님 마음을 돌려 허락을 받고 불교학과에 입학할 수 있었다. 하지만 진짜 시련은 그때부터 시작이었다. 생소한 과목들, 봐도 봐도 이해가 안 되는 난해한 글들, 게다가 한자는 또 왜 그렇게 많이 쓰는지, 좀처럼 공부에 몰입하지 못하고 허송세월하다가 결국 휴학을 해버렸다. 이후 온갖 아르바이트를 하며 돈벌이를 하다가 뒤늦게 군대에 갔다. 군대, 진심으로 가기 싫었다. 하지만 결과적으로 군 생활이 내 인생에 큰 전환점이 되어주었다. 끊어졌던 절과의 인연이 그때 다시 이어졌기 때문이다.

고등학교를 졸업한 뒤로는 절 근처에 얼씬도 하지 않았다. 갈 생각이 없었다. 그 좋던 향냄새도 싫어져서 집에서 제사를 지낼 때면 끝나자마자 부리나케 집 밖으로 나가버리곤 했다. 그런데 사람이 참 간사한 게 배고프니까 슬슬 또 법당이 생각났다. 훈련소에서 나오는 밥이 영 입에 맞지 않아 먹는 둥 마는 둥 하며 지내다가 또 한번 구세주를 만났다. 이번에도 역시 그분이었다. 초코파이! 한동안 그분의 부르심에 이끌려 법당에 나갔다. 하지만 그것도 잠시, 훈련병 생활을 마치고 자대 배치를 받고는 발길을 끊었다. 일명 PX라 부르는 부대 안 매점에서 군것질거리를 사 먹을 수 있었기 때문이다. 이것으로 절과는 영영 안녕…일 거라고 예상했다면 오산이다. 인연은 쉽사리 끊어지지 않는다. 부대 밥과 PX 식품에 지겨워질 때쯤 놀라운 소식이 들렸다. 요즘은 절에 가면 비빔밥도 주고, 카레도 주고, 집밥 같은 밥을 해준다는 게 아닌가. 그 말은 들은 나는? 다시 갔다, 법당으로. 일주일에 한 번은 집밥 같은 밥을 먹고 싶어서 매주 일요일 법당에 갔다. 아, 참을 수 없는 이 간사함의 가벼움이란!

법당에 자주 가다 보니 자연스럽게 군법사님과 안면을

트게 되었다. 그분에게 참 많은 것을 배웠다. 특히 독서의 중요성에 관하여. 고작해야 일 년에 책 한두 권 읽을까 말까 하던 놈이 매일 책을 곁에 두고 살았다. 제대할 때쯤에는 부대 도서관에 있는 책을 거의 다 읽은 상태였다. 책을 많이 읽으니 생각이 깊어지고 앞날에 대해 진지하게 고민하게 되었다. 그리고 내려진 결론, '배고픈 길이어도 좋으니 한 번이라도 강단에 서보자.' 어린 날의 꿈을 좇아 나는 다시 동국대학교로 돌아왔다.

학교는 예전과 달라진 게 없었다. 강의는 여전히 어렵고, 한자도 여전히 모르겠고, 글은 읽어도 읽어도 무슨 소린지 모르겠고⋯. 다만 예전과 달리 재미있었다. 도서관에 가서 이 책 저 책 뒤지며 모르는 내용을 조금씩 알아가는 재미, 여러 책에서 읽었던 삶의 철학적 문제와 고민을 스님들과 토론하는 재미, 매 순간이 정말 즐거웠다. 더 이상 자취를 할 형편이 안 돼서 부산 집에서 경주까지 통학해야 했지만 그 길마저 행복했다. 친구들과 어울려 노느라 제대로 잠을 못 잔날은 버스에서 쪽잠을 자더라도 수업은 꼭 들었다. 4학년 무렵에는 대학원에 가야겠다는 결심까지 세웠다.

그즈음 한 스님이 내게 말했다. "그렇게 불교 공부가 재

있고 좋으면 출가를 해보는 게 어때요?" 전에도 출가 제안을 받은 적이 있지만 모두 거절했다. 스님으로 산다는 게 따분해 보이기도 하고 여러모로 성격과 맞지 않아 보였기 때문이다. 그런데 이상하게 그날따라 스님 말씀이 와닿았다. '어차피 계속 공부할 텐데, 인연이 닿으면 출가를 하는 것도 괜찮지 않을까.' 이런 마음으로 지내던 차에 우연히 지인을 통해 은사스님을 만났고 지금에 이르게 되었다. 출가 후에 한 번도 후회한 적이 없다고 하면 거짓말이다. 그러나 출가하길 정말 잘했다고 느낄 때가 훨씬 많았다.

은사스님이 늘 내게 해주시는 말씀이 있다. 첫째, 일미칠근(一米七斤). 시주받은 쌀 한 톨의 무게는 일곱 근이라는 말이다. 시은(施恩)의 고마움을 잊지 말라는 당부다. 둘째, 처음 발심출가하던 날의 마음과 힘들게 공부하던 시절의 마음을 잊지 말 것. 그것은 누구나 경험할 수 있는 일이 아니기 때문이다. 그 말씀대로, 오늘 내가 있기까지 소중한 인연이 되어준 모든 분에게 감사의 말을 전한다. 그 은혜 잊지 않고 부지런히 정진해서 조금이나마 보답하는 삶을 살아가겠다. 항상 책상 앞에 붙여두고 되새기는 부처님 말씀으로 오늘의 다짐을 대신한다.

일어나 앉아라. 잠을 자서 그대들에게 무슨 이익이 있는가. 화살에 맞아 고통받는 이에게 잠이 웬 말인가.

일어나 앉아라. 평안을 얻기 위해 열심히 배우라. 그대들이 게으르면 '죽음의 왕'이 그대들을 힘으로 굴복시키고, 그대들을 헤매게 만들 것이다.

신과 인간은 집착에 얽매여 무엇인가를 갖고자 한다. 이 집착에서 벗어나라. 짧은 세월을 헛되이 보내지 마라. 짧은 세월을 헛되이 보낸 자는 지옥에 떨어져 한탄한다.

게으름은 때와 같은 것. 때는 게으름 때문에 생긴다. 애써 닦음으로써, 또한 밝은 지혜로써 그대의 영혼에 박힌 화살을 뽑아라.

_《숫타니파타》

은퇴 후에 바란단 한 가지

묘담

집 떠나 사는 즐거움

출가 전에 시간이 날 때마다 섬진강을 따라 걸으며 강바닥의 금빛 모래와 버들치, 피리 그리고 섬진강의 명물 털게가 한가롭게 노닐고 있는 맑은 물속을 들여다보곤 했다. 자연의 신비함에 취해서 강을 따라 올라가다 보면 화계장터가 나온다. 거기서 쌍계사 쪽으로 5리쯤 올라가면 화계중학교 길 건너 언덕에 '회룡암'이라는 작은 암자가 있다. 내가 20대에 알았던 직장동료의 누님이 주지로 계시는 곳이다.

나는 시간이 있을 때마다 회룡암에 놀러 갔다. 화계 십리 벚꽃길 중간 지점에 있는 암자로 개울과 가까워서, 여름이면 쌍계사에서 내려오는 개울물에 멱을 감기도 하고 돌에 붙은 다슬기를 잡기도 하면서 놀다가 전통 찻집으로 자리를 옮겨 더위를 피해 차를 마시며 이야기꽃을 피웠다. 찾아오는 신도가 많지 않은 회룡암은 살림살이가 넉넉지 않았다. 봄이면 뒷산에서 고사리를 채취하고, 가을이면 밤을 줍고 송이를 따서 화개장터나 구례 오일장에 나가 팔아서 자급자족하는 수준이었다.

세월이 흘러 퇴직할 때쯤 출가를 진지하게 고민했다. 가족과 상의했으나 강한 반대에 부딪혀 잠시 수면 밑으로 가라앉혔지만 출가에 대한 열망은 계속되었고, 앞으로 내가 살고 싶은 삶은 오직 출가라는 생각에 변함이 없었다. 나는 회룡암에서 백일기도를 시작했다. 해인사승가대학에서 공부할 수 있게 해달라는 원을 세우고서 말이다. 그런데 백일기도를 마칠 때쯤 산에서 새들이 내려와 절 주변에서 시끄럽게 지저귀며 기도를 방해하는 게 아닌가. 심지어 저녁에 기도할 때는 법당 밖에서 말발굽 소리가 들리는 이상한 체험을 하면서 무서운 생각이 엄습했다. 다행히 별 탈 없이 백일기도를 마쳤지만 아직도 그날 일이 신비롭게 느껴진다.

며칠 뒤에 평소 자주 찾는 함양 보현암에 갔다. 보현암 스님은 함양군에서 식품 허가를 받아 양봉하면서 건강식품을 만드신다. 산과 들에서 채취한 다양한 야생 약초를 가지고 홍도라지 조청, 칡 조청, 옻 조청 등을 만들어 인터넷으로 판매하며 절의 살림을 꾸려가고 있다. 때로는 찾아오는 환자들에게 봉침을 놔주기도 하면서 양봉 관리, 식품 가공, 식품 완제품, 택배 처리 등 많은 일을 하시는데 가끔 절에 들러 스님 일을 도왔다. 하루는 일을 마치고 스님에게 출가에 대한 소신을 밝혔다. 이야기를 들은 스님은 그만하면 충분하다며 쇠뿔도 단김에 빼라고 즉시 실천에 옮길 것을 권했다. 용기를 얻은 나는 당장 해인사 종무소로 전화를 걸어 은퇴 후 출가자의 출가 요건이 무엇인지 알아보고 다음 날 바로 해인사로 내려갔다.

당시는 코로나바이러스가 유행한 지 얼마 되지 않은 시점이라 시행착오를 겪으면서 방역체계를 갖추어가던 시기였다. 택시를 타고 홍류동 매표소에 도착하니 외부 차량 출입을 통제하면서 방역을 진행하고 있었다. 마침 교무국장스님이 근무하고 계셔서 출가의 뜻을 전했더니 친절히 상담해 주시고는 봉고차에 태워 나를 어딘가로 안내했다. 홍제암이었다. 먼저 온 은퇴 출가자 한 분이 계셔서 함께 지내다가 사흘째 되는 날 해인사로 들어오라는 연락을 받고 짐을 챙겼다. 10분 정도 되는 거리를 걷는 동안 만감이 교차했다. 가족의 만류를 뿌리치고 해인사 행자실로 향하는 발걸음이 마냥 가볍지만은 않았다.

행자실에 도착하니 보름 내지 한 달 정도 먼저 온 네 명의 행자가 있었다. 그들은 나름대로 행자생활에 익숙해진 눈치였다. 코로나 시기인지라 행자 대방 옆방에서 혼자 이틀을 보내고 사흘째 합류했다. 내게 주어진 소임은 부처님 전에 마지 올리기, 공양 준비, 숭늉 끓이기, 바닥 청소, 식탁 정리, 설거지, 그릇 물기 제거, 다음 공양을 위한 준비 등 주로 공양간 일이었다. 일과를 마치고 수각장(세면장)에서 지친 몸을 씻고 세탁물 정리를 하고 나면 비로소 휴식을 취할 수 있었다. 다람쥐 쳇바퀴 돌 듯 반복되는 게 행자의 하루였다. 겨울은 더 혹독해서 꽃 피는 3월에도 눈이 내렸다. 춘삼월 따위는 아랑곳하지 않는 해인사의 매서운 추위에 아침 일찍 일어나 염화칼슘을 뿌리고 빗자루로 눈을 쓸다 보면 장갑을 껴도 손이 시렸다.

그렇게 1년간의 행자생활을 마치고 사미 교육을 받고 해인사승가대학에 입학했다. 처음에는 실수가 많았다. 전에 경험해보지 못한 생활방식이었으니 어쩌면 당연한 일이었다. 때로는 질책을 받고 때로는 스스로 반성하면서 같은 실수를 되풀이하지 않겠다는 마음가짐과 초발심의 자세로 하심(下心)하며 생활했다. 힘들 땐 다른 스님도 나와 같을 거라며 마음을 다잡았다. 무엇보다 서로 다독이고 응원하다 보면 곧 좋은 날이 올 거라며 내 어깨를 두드려준 도반들의 존재가 큰 힘이 되었다.

강원에서 첫 안거(하안거)를 시작하면서 분주한 일상이 시작되었다. 선원에서는 수좌스님들이 정진하고 강원에는 학인들 독경 소리가 울려 퍼졌다. 독경은 예불할 때나 염불

할 때 좋은 소리를 내기 위해 미리 훈련하는 중요한 습의(習儀)이기도 해서 최선을 다해 임했다. 그런데 몸이 약해서인지 하안거를 마칠 때쯤 목에서 핏덩어리가 올라왔다. 병원에 갔더니 목의 실핏줄이 손상되었다고 했다. 다행히 치료를 잘 받고 지금은 문제없이 지내고 있지만 그 일을 겪으며 아무래도 나는 점차 힘을 잃어가는 나이이기에 매사 조심해야겠다고 생각했다.

하안거가 끝나고 방학을 맞아서 밖에 나가 지인과 친지들을 만났다. 생활이 어떤지 궁금해하고 걱정하면서 다들 같은 말을 했다. 공직생활 마무리하고 여유 있게 살 것이지 뭣하러 사서 고생을 하냐고. 하지만 나는 더 이상 세속적인 삶이 의미가 없음을 느꼈기에 출가를 결심하고 실행한 것이다. 그래서인지 낯선 생활에서 찾아오는 어려움이나 몸의 힘듦은 그저 하심을 가르치려는 보살의 방편처럼 여겨졌다.

이곳 해인사에 온 지 얼마 지나지 않은 것 같은데 벌써 가을 산철이 지나고 동안거가 시작되었다. 힘든 1학년 강원 생활을 무사히 마칠 수 있기를 바라며 몸도 마음도 조심스럽게 생활하고 있다. 해인사처럼 사계절이 뚜렷한 환경에서 생활한다는 것은 아주 기분 좋은 일이다. 남은 삶이 얼마인지 모르지만 다하는 날까지 부처님 말씀을 공부하고 수행하는 행복을 느끼며 살고 싶다. 이번 동안거에는 지난 하안거 때 미처 못 한 용맹정진을 꼭 해보리라 마음을 굳게 다지며 그 날이 오기만을 손꼽아 기다려본다.

진정한 출가의 길

관현

오래 다니던 직장을 그만두고 인생을 되돌아보는 시기를 갖기 위해 출가학교에 입학했다. 출가학교는 정식 스님이 되기 전 6개월 동안 하는 수행을 30일로 단축해서 경험하는 프로그램이다. 남성 행자 17명, 여성 행자 9명이 입학해 첫날 지대방에서 대기했다. 참가자의 나이는 19세부터 65세까지 다양했다.

나이도 다르고 서로 살아온 경험도 다른 사람들이 한 공간에 모여 있으니 어색하기도 하고 불편하기도 했다. 무슨 말이라도 해야 할 것 같은 묘한 기분이었다. 하지만 출가학교의 규칙 중에는 묵언이 포함되어 있었다. 한 사람이 적막한 분위기가 답답했던지 분위기를 띄우려고 인사를 건넸지만 아무도 받아주는 이가 없었다. 나 또한 스님 생활이 궁금하고 제대로 경험해보고 싶기도 해서 진지한 마음으로 참여해야겠다고 생각했다.

하루가 지나고 본격적인 일정이 시작되었다. 첫 일정으로 갈마(羯磨, 구성원들의 의견을 확인하기 위해 여는 회의)가 진행되었고 각자 하나씩 법명을 받아들었다. 나는 '승성'이라는 법명을 받았다. 행자생활을 시작하면서 가장 먼저 절하는 법과 부처님 전에 예배드리는 법을 배웠다. 기본적으로 절하는 법은 알고 있었지만 제대로 뜻과 방법을 배우긴 처음이었다. 절을 하고 일어설 때는 팔이 아니라 무릎의 힘으로 일어나야 한다는 것, 세 번째 절에서 하는 고두례와 접족례는 간절한 심정으로 무수히 예경하고 싶지만 여기서 마칠 수밖에 없음을 아쉬워하며 표하는 예법임을 새로이 알게 되었다. 차수하고 걷는 법도 익혔다. 차수는 오른손으로 왼손을 가볍게 잡고 단전 부분에 두 손을 두는 것으로 마음을 차분하고 겸손하게 해주는 자세였다.

이튿날에 삭발을 하고 행자복으로 옷을 갈아입었다. 삭발은 제대 이후 10여 년 만인데, 면도기로 반들반들하게 머리카락을 밀긴 처음이었다. 설렘 반 걱정 반이었는데 막상 하고 나니 생각보다 개운하고 나름 잘 어울렸다. 그때 잠시 이렇게 머리카락을 밀고 살아도 괜찮겠단 생각이 머릿속을 스쳐 지났다. 행자옷을 입는 것도 조금 낯설었다. 특히 정강이에 매는 행전이 특이했는데 앞으로 내내 이걸 입고 다녀야 한다고 생각하니 조금 걱정이 들기도 했다.

옷 입는 습의를 마친 다음 일정은 전나무 숲 삼보일배였다. 일주문 앞 삭발 탑에 삭발한 머리카락을 묻고 세 걸음을 걸을 때마다 한 번씩 절을 하며 '석가모니불' 하고 부처님

명호를 외며 걸었다. 100미터쯤 갔을 때 목소리가 작다며 청중스님(대중을 통솔하는 스님)이 행자들을 원위치시켰다. 그때부터 모든 행자가 소리 높여 부처님 명호를 불렀다. 삼보일배를 시작한 지 30분쯤 지나자 점점 체력이 떨어지기 시작했지만 목소리를 작게 냈다간 처음부터 다시 시작해야 할 수도 있었기에 다들 악으로 버텼다. 그러자 놀랍게도 점점 목소리가 간절해졌다. 삼보일배를 마치고 흙투성이가 된 옷을 세탁하러 샤워장으로 이동하면서 거울을 한번 쳐다보았다. 얼마나 열심히 절을 했던지 이마에 붉은 상처가 나 있었다. 과연 아픔과 힘듦마저 이겨내는 것이 신심인 것일까.

　　출가학교에 입학하고 초반에는 배울 게 많아 정신없는 나날을 보내다가 점차 일과에 익숙해져 갔다. 새벽 3시 40분에 일어나 이부자리를 정리하고 간단히 세수와 양치를 한 뒤 새벽예불에 참석한다. 새벽예불 후에는 선원에서 《금강경》 독경을 하고 이어서 108배를 하며 석가모니불 정근을 진행한다. 특히 《금강경》 독경 시간이 좋았다. 평소에도 유튜브를 틀어놓고 따라 하곤 했는데 스님을 비롯해 여러 행자와 함께하니 전혀 느낌이 달랐다. 그때 스님이 되어 《금강경》을 배우고 독경하고 싶다는 마음이 확 들었다. 물론 그 생각은 길고 깊게 이어지지 않았다. 이른 새벽에 시작해 밤 9시까지 이어지는 생활이 상당히 피곤했기 때문이다.

출가학교에서 겪은 또 다른 귀한 경험은 발우공양이었다. 세 명이 한 팀이 되어 청수, 공양, 국을 준비하고 각자 그릇에 먹을 만큼 음식을 옮겨 담는다. 그리고 식사에 앞서 오관게라는 게송을 왼다. '이 음식이 어디서 왔는고. 내 덕행으로는 받기가 부끄럽네. 마음의 온갖 욕심을 버리고 몸을 지탱하는 약으로 알아, 도업을 이루고자 이 공양을 받습니다(計功多小量彼來處 忖己德行全缺應供 防心離過貪等爲宗 正思良藥爲療形姑 爲成道業應受此食).' 바깥세상에선 가볍게 생각하고 서둘러 해치우기 바쁜 식사조차 감사하는 마음과 겸손한 마음을 길러주는 시간으로 삼을 수 있다는 게 참 아름답게 느껴졌다. 공양 후에는 1시간씩 현재를 알아차리며 걷는 포행, 《금강경》5,300자를 한 자 한 자 따라 쓰며 한 글자를 쓸 때마다 절을 하는 일자일배 수행을 했다. 모두 마음을 평온하게 만들어주는 흥미로운 경험들이었다.

길다면 길고 짧다면 짧은 30일간의 출가학교 생활을 마치고, 나는 인생을 살아가며 꼭 필요한 것이 수행임을 알았다. 출가학교는 욕심과 성냄과 어리석음에 가려졌던 본래의 마음을 끄집어내는 시간이었고, 부처님이 말씀하셨듯 누구나 마음속에 불성이 있음을 확신하는 과정이었다. 또한 이 경험을 통해 깨달음이 결코 어렵기만 한 것이 아님을 느꼈다. 부처님의 법을 받들고 그것을 이해하며 실천하는 삶을 살아간다면, 그런 사람의 마음이야말로 부처의 마음이 아닐까. 그런 확신이 나를 진정한 출가의 길로 이끌었다.

사랑을 잃고 나를 내려놓다

공림

출가 전에 나는 평범한 대학생이었다. 여자친구도 있었다. 내 마음은 온통 여자친구 생각으로 가득했다. 마치 여자친구와 하나라도 된 것처럼 느꼈다. 장거리 연애여서 자주 볼 수 없었는데 여자친구가 없는 시간은 견디기 힘들었다. 그때는 그게 사랑인 줄 알았다. 여자친구와 헤어진 뒤에야 비로소 알게 되었다. 그 고통스러웠던 느낌은 여자친구를 놓치기 싫어서 생긴 욕심이었음을.

세상에 뜻대로 되는 것은 아무것도 없다. 그래서 참고 견뎌야 하는 '사바세계'라고 한다. 온 마음을 여자친구에게 쏟았던 나는 이별 후 절망할 수밖에 없었다. 모든 걸 잃어버린 듯했다. 그러다 은사스님인 금강 스님을 만나게 되었다. 스님은 내게 이렇게 말씀하셨다. "사람들은 자신의 마음을 돈에 의지하고, 집에 의지하고, 권력에 의지하며 살아갑니다. 하지만 사람의 일이란 한 치 앞도 알 수 없어서 하루 만에 집을 잃고, 직장을 잃고, 전 재산을 잃어버리기도 하지요. 이때 의지처를 잃어버린 마음은 혼란스러워하며 절망하고 맙니다." 그 말을 듣고 곧장 이해가 되었다. 왜냐하면 나도 하루 만에 여자친구를 잃어버렸으니까!

모든 것은 변하고 무너지기 마련이다. 행복한 순간을

영원히 지속할 수는 없다. 여자친구가 그랬고 즐겨 하던 게임 내에서 순위가 그랬다. 돈, 집, 몸 또한 마찬가지다. 이렇게 변화하고 무너지는 것에 집착한다면 끝내 절망할 수밖에 없지 않을까. 마음의 의지처를 잃게 되니 말이다. 도대체 이 마음을 어디에 두어야 할까? 은사스님은 "마음을 무념한 자리에 두세요"라고 말씀하신다. 무념한 자리란 생각 이전의 자리다. '돈이 최고야', '여자친구가 최고야', '맛있는 게 최고야' 같은 생각들. 무너지고 변하는 이러한 것들에 관한 생각 이전의 자리, 따로 필요한 게 없는 자리가 바로 무념의 자리다. 그 자리에는 욕심이 없어서 거기에 머물면 매 순간이 만족스럽고 행복해진다. 물론 세상을 살아가려면 돈도 필요하고 집도 필요하다. 하지만 그것이 행복을 보장하지 않음을 알게 되면 더 이상 그것들에 집착할 필요가 없어진다. 이것이 내가 출가를 결심한 이유다. 말하자면 다시는 무상한 것들에 흔들리지 않도록 마음의 근육을 기르고 수행하기 위해서다.

출가 후에 은사스님이 있는 해남 미황사에서 행자생활을 마치고, 사미 수계 교육을 거쳐 해인사승가대학에 오게 되었다. 이곳을 한마디로 표현하면 '대중과 함께 사는 법을 배우는 곳'이라고 할 수 있다. 승가대학에 입학하면 1학년 때 밥 먹는 법부터 자는 법, 씻는 법, 이불 펴는 법, 청소하는 법까지 생활 전반에 관해 배운다. 어린 애도 아니고 무슨 이런 사소한 것까지 일일이 배우나 하고 생각할 수 있지만, 여럿이 함께 살려면 작은 것 하나라도 규율에 맞게 하는 것이 중요하다. 옳고 그름은 중요치 않다. 저마다 생각하는 옳고 그름의 기준이 다르기 때문에 자기만의 기준에 매달리는 순간 사달이 난다. 내가 아는 스님 중에 그런 사람이 있었다. 자기 기준을 고집하면서 안팎으로 힘들어하던 스님. 바로 나다! 다행히 주변에 훌륭한 도반과 윗반스님 들이 있어서 아상(我相)이 커질 때마다 애정 어린 '갈굼'으로 그것을 내려놓을 수 있었다. 늘 감사한 마음을 잊지 않고 있다.

밖에서는 친하지 않거나 의견이 달라서 다툰 사람이 있으면 등 돌리고 안 보면 그만이지만, 강원에서는 다 함께 대방생활을 하기 때문에 서로 안 보려야 안 볼 수가 없다. 이렇게 같이 지내다 보면 작은 행동과 습관 하나까지 알게 되고 주변에 있는 스님들이 내 안에 형성돼 있는 '나'라는 상을 더 잘 보고 알게 된다. 그것이 튀어나오려고 할 때마다 툭툭 쳐서 집어넣고, 때로는 더 세게 때려서 아예 떨어져 나가게

만든다. 맞는 사람 입장에서는 당연히 아프다. 속이 상한다. '나'라는 관점을 꼭 붙들고 있는 사람 눈에는 전부 다른 사람 잘못처럼 보이기 때문이다. 심해지면 싸움도 마다하지 않는다. 그런데 알고 보면 이런 불편함은 전부 내 기준이 옳다고 믿고 고집하는 데서 온다. 생각이 만들어낸 '상'인 것이다. 상을 내려놓고 '하심'하는 만큼 편안해진다는 걸 강원생활을 하면서 알게 되었다.

하심하는 데 가장 좋은 수행법이 '절'이다. 사찰의 모든 의식에서 절이 빠지지 않는 이유가 바로 하심을 익히기 위해서다. 절을 해본 사람이라면 알 것이다. 절을 할 때 온몸을 납작 엎드리면 어떤 느낌이 드는지. 아주 편안하다. 나를 낮추면 그렇게 편안할 수 있다는 걸 절이라는 단순한 동작만으로도 체감할 수 있다. 해인사승가대학에서는 용맹정진을 앞두고 전날 3,000배를 하는 전통이 있다. 또 큰 잘못을 저질렀을 때 참회의 절을 하기도 한다. 언젠가 하안거 때, 나도 참회의 절을 한 적이 있다. 당시 '상'이 하늘을 찌르던 때여서 큰 실수를 저질렀다. 참회하는 마음으로 3,000배를 올리니 비로소 무겁던 생각을 내려놓을 수 있었고 문제도 원만히 해결되었다.

출가부터 지금까지 내 삶은 '나'를 내려놓는 '하심'을 배우는 과정이었다고 말할 수 있다. 생각이든 대상이든 집착하는 순간 아파지고 힘들어진다는 걸 온몸으로 배우고 또 배웠다. 물론 아직 완전히 다 내려놓지는 못했다. 문득문득 안에서 무언가가 올라올 때가 있다. 다만 이제는 그것이 아상임을 알고, 거기에 매달리려 하지 않는다는 게 예전과는 달라진 점이다. 내 안에 있는 녀석이 언제쯤 말끔히 사라질지 알수 없다. 부지런히 정진하고 하심하는 삶을 살다 보면 그런 날이 오지 않을까. 아직은 시작 단계니까 부지런히 노력해야겠다.

아팠던 건 나를 너무 사랑했기 때문이다

휴정

집 떠나 사는 즐거움

세속에서 사람들과 관계를 맺고 살다 보면 감정을 주체할 수 없는 경우가 비일비재하다. 나도 그랬다. 일의 피로와 거기에서 오는 스트레스, 나아가 인간적인 관계에서 오는 어려움으로 자주 직장을 옮겼다. 그때는 뭐가 문제인지 정확히 알지 못했다. 언제나 내가 기준이었다. 그러던 어느 날 점점 자기 자신을 잃어가고, 성질에 못 이겨 화를 내며 다투고, 아끼는 사람들을 함부로 대하는 내 모습을 보고는 스스로 한심하다는 생각이 들었다. 너무도 볼품없는 삶이었고 내가 바라던 삶이 아니었다.

누구나 그렇듯 나도 사람들과 어울려 다 같이 행복하게 사는 것이 꿈이었다. 그런데 뜻대로 되지 않았다. 왜 나는 사랑하는 이들에게 모든 것을 주어도 아깝지 않다고 생각하면서도 불쑥불쑥 솟아나는 경계에 이끌려 돌변하는 것일까? 왜 핏대를 세워 언성을 높이고, 왜 그렇게 옳고 그름에 집착해 따지고, 왜 잘난 사람이 되기 위해 남을 깎아내리려고 할까? 이런 생각들이 내 안에서 꿈틀대기 시작했다. '그게 사람 사는 거니까', '다들 그렇게 사니까' 하고 위안하면서 술 마시고 노래 부르며 스트레스를 풀어봤지만 나아질 기미가 보이지 않았다. 감정의 악순환만 계속될 뿐이었다. 오히려 방탕

한 생활에 젖어 삶이 점점 수렁 속으로 빠져드는 기분이었다. 문제를 해결하고 싶어도 원인을 찾을 수 없고, 대인관계가 매끄럽지 않다 보니 정 붙이고 도움을 구할 사람도 마땅치 않았다. 책도 보고, 여기저기에서 지식을 들여다보고, 다른 종교에도 기웃거려 봤지만 답을 찾지 못했다. 자포자기한 상태에 이르러 사람 만나는 것조차 싫어져서 일체 연락을 끊고 폐인처럼 지내기도 했다.

상황에 여기에 이르자 정말이지 아무것도 소용없었다. 돈도 명예도 쓸모없었다. 그저 살고 싶지 않다는 생각뿐. 그냥 죽어버릴까 하는 나쁜 생각도 해봤다. 그러던 어느 날 셋째 형으로부터 한 통의 문자 메시지를 받았다. 아버지가 급성 폐암 진단을 받아서 사실 날이 얼마 남지 않았다는 소식이었다. 자식 된 도리로 부모의 임종을 지켜야 한다는 생각에 병원에서 아버지를 간병했다. 갑작스러운 죽음을 받아들이지 못하는 아버지에게 좋은 곳에 가실 거라고, 편안하게 받아들이시라고 말하면서 나도 머지않아 따라갈 테니 그때 보자며 마지막 인사를 건넸다. 아버지가 돌아가신 후 어머니는 홀로 외로운 나날을 보내셨다. 연로하셔서 혼자 지내기 어려워 누군가 곁에 있어 주어야 했기에 내가 시골에 내려가 어머니를 모시고 살았다. 그런데 등잔 밑이 어둡다고, 그토록 찾아 헤매던 답을 그곳에서 찾을 수 있었다. 학창 시절에 다녔던 포교당에서 말이다.

고향에 있는 포교당은 고등학생 시절에 불교학생회를 하면서 다녔던 곳으로 '만약 나중에 불교를 공부하게 되면 여기서 시작하겠습니다' 하고 부처님에게 약속을 남긴 곳이 었다. 이런 게 불법의 인연일까. 아버지의 죽음이 계기가 되긴 했지만 마치 부처님이 나를 다시 부르신 것 같았다. 그곳에서 다시 사람답게 살아보겠노라 스스로 다짐하고, 일하는 시간과 어머니 모시는 시간에 짬짬이 틈을 내 불교를 공부하고 수행에 매진했다. 9년 6개월이라는 시간이 흘렀다. 예전 같으면 한 직장에서 이렇게 오래 일하는 게 힘들었을 텐데, 기도와 수행의 힘으로 별 탈 없이 지낼 수 있었던 것 같다. 중간중간 경계가 찾아오긴 했지만 어렵지 않게 이겨내고 넘어갈 수 있었다.

언제가 될지 모르지만 말없이 떠나면 안 될 것 같아서 어머니에게 미리 뜻을 밝혀두었다. 처음 어머니는 불교 공부하면 뭐 좋을 게 있냐며 반문하셨다. 나에게도 좋고 어머니에게도 좋은 길이라고, 나중에 내가 깨달으면 어머니도 깨달

게 해줄 수 있으니 이보다 더 나은 효도가 없을 거라고, 무엇
보다 공부할 때 제일 마음이 편안하고 행복하다고 말씀드렸
다. 조금씩 어머니 생각도 바뀌었다. 사실 어머니는 내가 어
릴 적부터 절에 다니며 무릎이 닳도록 절을 하고 기도를 하
던 불자였다. 다만 왜 그렇게 열심히 기도해야 하는지, 무엇
이 중요한 문제인지 알지 못했다. 내 일을 계기로 어머니의
생각도 전보다 밝아졌으니 이 또한 선연이 아닌가 싶다.

　　하루는 퇴근길에 무심코 보름달을 올려다보는데, 그사
이 계절이 바뀌고 세월이 흘렀음이 느껴졌다. 떠나야 할 때
가 되었음을 직감했다. 어머니에게 말씀드렸더니 때가 되었
으면 가야지 하고 태연하게 허락하셨다. 처음에는 강원도 영
월 법흥사 인근의 한적한 토굴로 가려고 했는데 상황이 여의
치 않았다. 마침 한 도반이 학림사 시민선원에 가보라며 권
하기에 그 길로 학림사로 떠났다. 공부만 하면서 몇 해를 보
내다가 마침내 출가했다. 회주스님이 손수 머리를 깎아주시
며 출가를 허락해주셨고 은사스님도 소개해주셨다.

　　본격적인 출가 수행자의 길에 들어서서, 나는 지금 해
인사 강원에 들어와 기초 공부를 새롭게 하고 도반스님들과
함께 정진의 나날을 보내고 있다. 절집도 사람 사는 곳이라

속세와 다를 바 없지만, 한 가지 큰 차이라면 다들 수행자로서 몸과 마음을 갈고 닦는다는 점이다. 여전히 부족한 점이 많고 생활이 마냥 편하다고는 할 수 없지만 공부하는 환경과 과정이라는 측면에서 볼 때 더할 나위 없는 기회의 낙원이다. 자기 생각을 내려놓고, 상대방의 말을 분별없이 온전히 받아들이고, 변명하지 말 것. 모욕과 화가 나를 흔들어도 차분하고 지혜롭게 말하고, 상대방이 기분 나쁘지 않게 해야 할 말을 가려서 하고, 내 생각이 맞는다고 상을 내지 말 것. 해변의 조약돌이 파도에 부딪혀 부드러운 모서리를 가지듯 그런 태도로 살 것. 1학년 치문반에 입학하면서 스스로 다짐한 내용이다. 지금도 이 생각에 변함이 없다. 고맙게도 나의 모난 생각과 편견을 다듬어주는 파도와 같은 역할을 주변 도반스님들이 해주고 있다.

이제야 나는 속세에서 사람들과 관계 맺으며 살 때 왜 그렇게 힘들고 어려워했는지 조금 알 것 같다. 나를 너무 아끼고 사랑했기 때문이다. 스스로를 사랑하는 게 어째서 문제일까? 누구나 그러지 않나? 맞는다. 하지만 그 마음이 커져서 집착하게 되면 매 순간 자신을 먼저 챙기고 그게 어려우면 피하거나 도망치려 한다. 항상 나를 기준으로 생각하고,

자기식대로 말하고, 나를 위한 변명과 합리화로 일관한다. 그동안 나는 몸과 마음을 '나'라고 착각하면서 사랑해왔다. 6근, 6경, 6식을 영원한 것으로 믿고 진리인 양 착각하며 살았다. 잘못된 믿음에 집착하고 콩나물에 물을 주듯 정을 주어 길러왔다. 다행히 앞으로는 어떻게 수행하면서 살아야 할지 가늠이 되는 것 같다. 중생심을 내려놓는 공부를 계속해나갈 생각이다.

부처님은 바른 사유야말로 탐욕과 분노를 치료하는 해독약이라고 말씀하셨다. "만들어진 것은 모두 변해가는 것이니라. 게으름 피우지 말고 열심히 정진하여 너희들의 수행을 완성하여라." 나뿐만 아니라 모든 사람이 부처님의 마지막 이 말씀을 깊이 새겨 늘 실천에 옮기는 삶을 살아가길 두 손 모아 기원한다.

모든 것을 내려놓아야
저 산꼭대기에 오르기 좋으리라.
저 산 너머에는 연꽃이 만발한
아름다운 곳이 있다네.
애인이 거기서 자유자재하게 노닐며

살고 있다네.

진짜 애인을 찾아서 자비의 사랑을

한번 품어 보리라.

나는 출가를 후회하지 않는다

도해

고민 끝에 출가를 결심했다. 곧 또 다른 고민이 생겼다. 어떻게 출가해야 하느냐는 것이다. 인터넷을 검색해보니 대한불교조계종이 나왔다. 한국불교의 중심이 조계종이라는 것은 들어 알고 있었다. 잘 만들어진 조계종 홈페이지를 둘러보고 전화를 걸어 출가 상담을 받았다. 생각보다 간단했다. 원하는 절에 가면 모든 걸 그 절에서 해준다고 했다. 다른 고민이 또 생겼다. 어디로 출가하느냐였다.

흔히 출가는 집과 멀리 떨어진 곳으로 하라고들 한다. 왜 꼭 그래야 하지? 난 가까운 절로 가기로 했다. 어릴 때 가봤고 최근에도 친구와 다녀왔던 곳이다. 전화번호를 알아보고 잠시 망설였다. 전화벨 소리를 들으면 돌이킬 수 없을 것만 같아서 쉽게 수화기를 들 수가 없었다. 여러 차례 심호흡을 하고 전화를 걸었다. 한 직원이 받았다. 출가하고 싶은데 어떻게 해야 하느냐고 물으니 전화번호를 남겨달라고 했다. 잠시 후 스님으로부터 전화가 왔다. 출가할 생각이 있느냐는 스님 물음에 그렇다고 했더니 와보라고 하셨다. 약속한 날이 되어 택시를 타고 절로 가는데 마음이 무거웠다. 비가 많이 내려서인지 몸도 축 처졌다. 옛 선사들은 절로 가는 마음이 한없이 가벼웠다는데, 나는 그러지 못했다.

만나기로 한 분은 총무스님이었다. 마주 앉아 차를 내어주며 이것저것 물으셨다. 밖에서 보는 것과 직접 사는 것은 다르다며, 스님이 되는 건 생각처럼 쉬운 일이 아니니 다시 한번 잘 생각해보라고 하셨다. 이미 충분히 고민하고 결정한 것이니 더는 생각할 필요가 없다고, 언제까지 개인적인 일을 정리하고 오겠다고 말씀드렸더니 방사를 준비하겠다고 하셨다. 혹시 개인 짐을 가져와도 되는지 물으니 그러라고 하셨다. 공부하는 데 방해되는 것이 아니라면 상관없다고, 짐이 많으면 출가 당일 차를 보내주겠다고 하셨다. 돌이켜 보면 황당한 일이다. 출가하는 사람이 세속의 물건을 들고 들어간다는 건 흔치 않다. 만약 출가를 준비하는 사람이 있다면 그러지 말길 당부하고 싶다.

출가 당일 스님 세 분이 트럭을 몰고 오셔서 내 짐을 싣고 함께 절로 들어갔다. 혼자 살아서 세간살이가 좀 있었다. 버릴 건 버렸어도 짐이 꽤 됐다. 나중에 사미계를 받은 후에 이 일을 두고 스님들이 많이 놀렸다. 절에 짐을 들고 들어오는 놈이 어디에 있냐고. 그런데 총무스님 말씀은 달랐다. 짐을 들고 왔으니 힘들다고 쉽사리 나가지 않을 거라 여기셨다고 한다.

총무스님은 그랬다. 뭔가를 이야기하면 안 된다는 말을 하지 않으셨다. "그러냐", "생각해보겠다", "좀 힘들 거 같은데 되도록 해보자", "알아보겠다." 그런 총무스님을 보고 배운 것이 많다. 누군가를 대할 때는 항상 그때를 떠올린다. 누군가가 나에게 부탁이나 요구를 하면 부정적으로 받아들이지 않는다. 누가 봐도 아닌 듯해 보여도 바로 거절하기보다 한 번 더 생각해보고 말한다. 섣부른 판단으로 아니라고 대하기보다 생각할 시간을 갖는다. 그러려고 연습하고 있다. 최근에도 나는 시간이 될 때마다 총무스님을 찾아뵙고 인사를 드린다. 그때 왜 그러셨냐고 물으면, 내가 일러주는 대로 잘 따랐고 할 수 있는 건 해주고 싶었다고 말씀하신다. 출가해서 힘들었던 부분도 총무스님의 배려와 보살핌 덕분에 무사히 넘길 수 있었던 것 같다.

내 법명은 내가 지었다. 이 또한 지금 생각하면 어이없는 일이다. 나는 출가를 고민하면서 법명을 무엇으로 할지 함께 고민했다. 앞으로 평생 불릴 이름인데 원치 않는 이름으로 불리고 싶지 않았다. 은사스님은 연세가 많으셔서 나에 관한 부분은 총무스님에게 맡기셨다. 법명을 지어야 할 시점에 총무스님이 부르셨다. 법명으로 '도ㅇ'를 생각하고 있으시다기에 싫다고, "제 법명은 제가 짓고 싶습니다"라고 했더니 반대하셨다. 그래도 최대한 내 의견을 존중해주셔서 총무스님이 원하는 '도' 자와 내가 원하는 '해' 자를 넣어 '도해(道海)'로 법명을 짓기로 했다. 한자는 내가 정했다. 함께 은사스님을 찾아뵙고 말씀드렸더니 흔쾌히 허락하셨다. 도해, 마음에 들었다. 나중에야 안 사실이지만, 대부분은 은사스님이 정해주는 법명을 그대로 사용한다. 은사스님은 법명을 상좌와 의논하거나 묻지 않는다. 법명과 한자를 정해서 주면 특별한 경우가 아니고서야 평생 사용하게 된다. 출가 전에 이점도 꼭 알아두길 바란다. 법명은 은사스님이 내려주신 그대로 사용하면 된다. 묻지도 따지지도 말자.

내가 출가한 절에는 스님이 여러분 사셨다. 회주로 계신 은사스님과 주지스님, 총무스님, 기도스님, 원주스님, 교무스님 등 총 여덟 분이 있었다. 대부분 절이 그런 줄 알았는데 아니었다. 절 규모가 꽤 큰 편이었다. 처음에는 어색했지만 다들 잘 챙겨주셨다. 말씀 한마디 한마디가 생활하는 데 큰 힘이 되었다. 지금은 절반쯤 다른 절로 가시고 새로운 분들이 오셨는데, 가끔씩 그 시절 이야기를 하곤 한다. 벌써 4년이 흘렀다. 그동안 나의 모습도 주위 환경도 많이 변했다.

어엿한 스님이 되어가고 있음을 나 스스로도, 다른 스님들도 인정하고 있다. 이는 노력으로 된 것이 아니다. 억지로 이루거나 한순간 바뀐 것도 아니다. 시간이 만들어준 것이다. 처음 해인사승가대학에 와서 들은 학감스님의 말씀이 떠오른다. "잘하려고 하지 마라. 그냥 살면 된다. 시간이 지나면 갖추어진다." 당시 이 말을 듣고 느끼는 감정이 많았다. 지금도 기억난다. 아마 평생 기억하고 살 것 같다.

나는 한 번도 출가를 후회하지 않았다. 왜인지 모른다. 이유를 생각해본 적도 없다. 재미보다는 제약이 많고, 하지 말아야 할 것과 여러 가지 간섭도 많지만, 그 모든 것에 익숙해지고 있다. 심지어 흥미롭기까지 하다. 그런 편안함 속에서 처음 출가할 때의 모습을 떠올린다. 출가한 목적에 대해서도 생각해본다. 세상에는 변화를 두려워하는 사람이 있는가 하면 변화를 즐기는 사람도 있다. 나는 후자다. 언젠가 변화를 두려워할 시기가 올지도 모르지만 목적이 분명하다면 크게 두려워할 이유가 없다. 목적에 맞게 행동하면 된다. 지금 무엇을 위해 이 자리에 있는지, 지금 어디에 있고 무엇을 해야 하는지 깨달아야 한다. 목적을 모른 채 살아가는 것은 앞이 보이지 않는다고 눈을 감고 달리는 것과 다를 바 없다.

멈추고 바라보면 알게 되는 것

도원

2019년에 개봉한 영화 〈82년생 김지영〉. 나의 인생 영화 중 하나다. 개인적으로 이 영화를 보면서 많은 것을 돌이켜 보게 되었다. 영화 내용 중에 생생하게 기억에 남는 대사가 있다. "요즘 같은 세상에 정신병 하나 없는 게 이상하지 않아?" 마치 나에게 던지는 화두와 같은 대사였다.

오늘날 우리는 숨 돌릴 틈 없이 바쁜 하루를 보내고 있다. 정신없이 산다는 표현이 어울릴 법한 삶이다. 하루가 다르게 발전하는 과학기술은 적응하기도 전에 새로운 기술과 기기들을 만들어내고, 무한경쟁 사회 속에서 바늘구멍처럼 좁아진 취업 문을 통과하느라 청년들은 밤잠도 잊은 채 각종 자격증 취득에 목을 맨다. 최근에는 코로나바이러스와 장기 불황이 겹쳐서 말 그대로 너나 할 것 없이 목숨 걸고 하루를 버텨내고 있다. 영화 대사처럼 정신병 안 걸리는 게 이상할 정도로 세상은 분주하고 치열하게 굴러간다.

석가모니 부처님은 열반 전에 유훈으로 이런 말씀을 남기셨다. "급변하는 세상에서 방일하지 말고 정진하라." 그러면서 정진하는 방법으로 잠시 멈추고 돌아보는 방법을 권하셨다. 정신없이 지내다 보면 주변을 제대로 살피지 못할 때가 많다. 무심코 스쳐 지나가거나 놓치는 부분이 생기는 것이다. 잠시 멈춰서 주위를 둘러보면 알아차리지 못하고 있던 작은 부분들이 눈에 들어온다. 무엇보다 내가 지금 어디에 서 있는지, 스스로를 확인할 수 있다는 큰 장점이 있다.

출가한 후 지금까지 내가 가장 많이 받은 질문은 출가 전에 무엇을 하고 살았느냐는 것이다. 별다를 게 없었다. 직장을 다녔다. 구체적으로 자동차 설계 관련된 일을 했다. 나름 괜찮은 회사였고 월급도 또래보다 많이 받았다. 그런데 20대 후반이라는 너무도 이른 나이에 희망퇴직을 당했다. 20대에 퇴직이라니, 말이 되냐고? 사실이다. 퇴직 후 실업급여를 신청하려고 고용센터에 갔더니 담당 공무원도 믿을 수 없다는 표정이었다. 당시 내 심정은 암울 자체였다. 만약 결혼한 가장이었다면 암울함을 넘어 삶의 희망을 잃었을 것이다. 다행히 그 정도는 아니었지만 '이래서 사람이 극단적인 선택을 하는구나' 하고 공감할 지경이었다.

재취업을 위해서 9급 공무원 시험에 도전했다. 언제 해고될지 모르는 사기업보다 월급이 적더라도 안정적인 직장을 구하고자 했던 것이다. 하지만 공무원은 사람들이 선호하는 직업이어서 그만큼 경쟁이 치열했다. 2년 넘게 열심히 공부했지만 합격 목걸이는 주어지지 않았다. 그리고 어느 순간 나는 출가를 결심했다. 직접적인 계기는 나보다 먼저 합격한 지인과 친구 들이었다.

누구나 시험에 합격하면 행복한 인생이 펼쳐질 거라 기대하기 마련이다. 나도 그랬고 친구들도 그랬다. 그런데 막상 공무원이 된 친구들의 삶을 보니 그다지 행복해 보이지 않았다. 힘들다, 우울하다, 그만두고 싶다는 넋두리가 다반사였고 실제로 어렵사리 꿰찬 자리를 박차고 나온 사람도 있었다. 그들을 보며 나는 고민했다. 과연 행복이란 무엇일까? 행복하게 살려면 어떻게 해야 할까? 잠시 멈추어 생각했다. 그 끝에 내린 결론이 출가였다. 항상 위를 바라보며 살아왔는데 이제는 아래를 보며 살아야겠다는 생각이 들었다. 나보다 어려운 이웃, 소외된 이들을 위해서 사는 것도 나쁘지 않겠다는 마음이었다.

주변 사람들에게 뜻을 밝혔다. 9개월 뒤에 있을 시험에 응시하고 나서 출가하겠노라 선언했다. 반응은 예상했던 대로였다. '무슨 헛소리냐?'며 들은 체 만 체하는 사람, '많이 힘들구나' 하고 위로를 건네는 사람, 심지어 가족조차 내 말을 믿지 않았다. 어느 때보다 진지한 나였지만 아무도 믿어주질 않으니 참으로 난감했다.

다른 사람이 어떻게 생각하든 계획한 대로 실천에 옮겼다. 평소 하던 대로 아침 일찍 도서관에 가서 저녁까지 공부하고, 손에 단어장을 들고 다니며 9개월 뒤에 있을 시험을 준비했다. 왜 곧장 출가하지 않았냐고? 이유는 단순했다. 하던일을 완주하고 싶었기 때문이다. 단 예전처럼 열심히 공부했지만 마음속에 합격에 대한 집착은 이미 사라진 뒤였다. 마음을 비워서였을까. 합격에 대한 갈망을 내려놓자 몸도 마음도 편안해졌다. 시험 때마다 긴장을 풀기 위해 먹던 청심환도 먹지 않았다.

시험 날. 목적과 경쟁심이 사라진 편안한 상태로 시험장에 들어가 끝날 때도 가벼운 발걸음으로 걸어 나왔다. 그러고는 곧장 주변을 정리했다. 여행을 다녀오고, 자주 못 보던 친구들을 만나 즐거운 시간을 보냈다. 얼마나 지났을까. 필기시험에 합격했다는 안내 문자가 왔다. 악을 쓰고 할 때는 안 되더니 다 내려놓고 출가하려니까 합격이라니, 인생참 묘하다. 이래서 알 수 없는 게 사람 일이라고 하는가 보다. 어쩌면 내가 마지막 시험에 합격할 수 있었던 건 집착을 멈춘 상태로 마음을 비웠기 때문인지 모른다. 만약 끝까지 합격에 매달렸다면 좋은 결과가 있었을까? 조급한 생활에서 잠시 멈추고, 비우고, 고요해질 때 얻어지는 게 있다는 말씀. 아마 누구나 이런 경험이 한 번쯤 있을 것이다.

불교의 수행법 중에 지관(止觀)이라는 게 있다. 그칠 '지'에 볼 '관'. 뜻 그대로 멈추어 고요한 상태에서 사물을 있는 그대로 관찰하는 수행법이다. 초기불교에서는 사마타(samatha)와 위빠사나(vipassanā)라고 한다. 이 수행법은 일상생활을 하는 데 큰 도움이 된다. 자세히 파고들면 상당히 어렵지만 핵심만 말하면 '멈추고 바라보는 것'이다.

사람은 누구나 행복하길 원한다. 행복하려고 노력한다. 그런데 이 말을 뒤집어 보면 '지금 이 순간 행복하지 않다'라는 뜻이 된다. 나중에, 미래에 행복하기 위해 지금을 바쁘게 살아가는 것이다. 그렇게 살다 보면 바라는 행복의 시간이 찾아올까? 언제쯤? 적어도 내 경험상 행복은 어떤 목표를 정해놓고 그것을 성취하는 데서 오지 않는다. 다음 날 찾아오지도 않는다. 오히려 행복은 지금 당장 주변에서 찾을 수 있다. 따뜻한 커피 한 잔, 영화를 보거나 산책을 하면서 느끼는 여유와 즐거움, 이런 소소한 일상에서 오는 충만함이야말로 행복의 참모습이다. 잠시 멈춰서 주위를 둘러보라. 더는 행복을 기다리지 말고, 지금 그 행복을 누려라.

지금 어떤 삶을 살고 있나요

만경

집 떠나 사는 즐거움

예전에 나는 친구들을 보면서 저들은 행복하게 잘 사는데 왜 나는 사는 게 힘들고 고통스러울까 하고 생각한 적이 있다. 내가 내린 결론은 환경의 차이였다. 우리 집은 가난하고, 부모님이 자주 다투고, 돈벌이를 위해 악착같이 일해야 했다. 반면에 친구들은 잘살았고 가정도 화목했다. 자연스럽게 나는 부모님을 원망했다. '지금보다 나은 환경에서 태어나고 자랐다면…' 하고 말이다. 원망은 꼬리를 물고 이어졌다. 내가 더 똑똑했더라면 좋은 학교와 직장을 다니며 돈을 많이 벌었을 텐데, 내가 더 잘생겼더라면 사람들에게 사랑받고 행복하게 살았을 텐데, 지금의 나는 머리도 나쁘고 인물도 별로고 성격마저 좋지 않아, 이런 내가 싫어, 마음에 들지 않아…. 온통 마음에 들지 않는 것들투성이였다.

직장생활을 하면서도 괴로움이 컸다. 나는 고등학교를 졸업하고 군대를 다녀와서 사진을 배웠다. 나중에 아는 분의 소개로 서울 강남에 있는 제법 큰 사진관에 취직했는데, 겉보기와 달리 평범한 곳이 아니었다. 사장님과 사장님의 두 번째 부인, 사장님의 여자친구, 그리고 사장님의 첫 번째 부인의 딸이 함께 일하는 곳이었다. 말로만 들어도 복잡하고 심란한 상황, 실제로도 그랬다. 사장님의 두 번째 부인이 첫 번째 부인의 딸을 구박해서 애가 우는 날이 잦았다. 나서기를 좋아하는 성격의 사장님 여자친구는 이래라저래라 지시하는 경우가 많았는데 불쾌한 적이 한두 번이 아니었다. 나보다 먼저 들어와 일하고 있던 직원은 사장님한테 찍혀서 조만간 쫓겨날 처지였다. 콩가루도 이런 콩가루 회사가 또 있을까 싶었다. 더욱이 사진관에서 일하는 사람 중에 사진을 전공한 사람이 아무도 없었다. 주먹구구식에 우왕좌왕하며 일했다. 그런 모습이 너무 꼴 보기 싫었다. 제대로 배운 사람도 없고, 배울 의지도 없고, 자기들끼리 물고 뜯으면서 싸우는 꼴이라니. 결국 오래지 않아서 그곳을 그만두었다.

이후 마음에 드는 직장을 찾아 헤매다가 새로운 환경에서 새로운 일에 도전해보리라 다짐하며 일본으로 향했다. 부푼 꿈을 안고 대학원에 진학해서 공부했지만 끝내 원하는 바를 이루지 못한 채 돈과 시간만 허비한 꼴이 되고 말았다. 피폐해진 몸과 마음으로 한국에 돌아와서는 '나는 뭘 해도 안 되는구나! 나는 왜 이렇게 못났을까?' 하고 좌절하면서 세상과 나 자신을 미워하고 원망했다. 사는 게 마냥 괴롭고 슬프기만 했다.

어느 날 이런 생각이 들었다. '도대체 왜 이렇게 괴로운 거야?' 내 삶이 괴로운 이유가 무엇인지 진심으로 궁금해졌다. 타고난 팔자인지 아니면 뭔가를 잘못해서인지, 뭐가 됐든 안 풀리는 이유를 좀 알고 싶었다. 한참을 궁리하다 보니 답이 보였다. 괴로운 건 다른 이유 때문이 아니었다. 오롯이 나 때문이었다. 항상 나는 바라는 게 많았다. 돈을 많이 벌어서 부자가 되고 싶고, 예쁜 여자친구를 사귀고 싶고, 좋은 직장을 다니면서 사람들에게 인정받고 싶고, 주변 사람들에게 좋은 사람이라고 칭찬받고 싶고…. 뭔 놈의 욕심이 이리도 많은지. 기분 따라 되고 싶고 갖고 싶고 하고 싶은 게 끝이 없었다.

누군가는 삶을 향한 열정이라고 말할지 모른다. 끊임없이 도전해서 성취하라고 격려하는 사람도 있을 것이다. 사는 게 다 그렇고, 그게 살아가는 법이라고 말이다. 살면서 우리는 이런 얘기를 쉽게 듣는다. 어려운 환경에서 열심히 노력해 성공한 사람의 이야기. 그들의 인생은 마치 모범 답안인 양 신화가 되어 사람들 입가와 귓가를 떠돌아다닌다. 나도 그 신화를 좇아 10년을 달렸다. 결과는 참담했다. 돈도 잃고 건강도 잃었다. 애초에 자신의 능력을 객관적으로 판단하지 못하고 그저 하고 싶다고 무모하게 도전했던 게 실패의 원인

어쩌다 보니 스님이 되었습니다

일 수도 있다. 다시 돌아갈 수 있다면 자신을 좀 더 냉철하게 바라보고 분석해서 현실적인 목표를 세울 수 있을지도 모른다. 정말로 그럴까? 그때로 돌아가서 현실 가능한 목표를 세우고 그것을 이루면 지금의 괴로움이 행복으로 바뀔까? 그럴 것 같지 않다. 핵심은 성공과 실패에 있는 게 아니기 때문이다.

살면서 누구나 성공과 실패를 경험한다. 늘 성공하고 늘 실패하는 사람은 없다. 또한 성공한 사람도 괴로울 수 있고 실패한 사람도 행복할 수 있는 게 인생이다. 문제는 인생의 가치를 어디에 두느냐에 있다. 인간의 삶을 성공과 실패로 판가름할 수 있는 명확한 잣대는 존재하지 않는다. 돈, 명예, 인정 같은 것들은 모두 주관적인 관점이다. 마치 이것이 절대적인 기준인 양 착각하면서 인생을 성공과 실패로 완전히 나눌 수 있다고 생각하는 것, 나아가 성공이 행복일 거라 믿는 환상이야말로 괴로움의 뿌리다. 진정한 행복, 괴로움의 소멸은 이런 오해를 걷어내는 데서 출발한다.

괴로움의 원인을 다른 말로 하면 갈애(渴愛)다. 갈증처럼 채워지지 않는 욕구. 다들 성공하면 갈증이 해소될 거라 생각하지만 잠시뿐이다. 시간이 지나면 다른 갈증이 생겨난다. 퍼내도 퍼내도 마르지 않는 샘물처럼 끊임없이 일어나는 욕구가 나를 괴롭힌다. 만약 이런 욕구가 줄어든다면 괴로움이 줄어들 것이다. 완전히 뿌리 뽑힌다면 괴로움도 사라질 것이다. 물론 살면서 욕구를 줄이기란 쉽지 않다. 좀 더 편하고 안락하게 살고자 하는 게 인간의 본능이기 때문이다. 하지만 결과에만 목을 매달기보다 성공과 실패라는 이분법적 관점을 떠나 하나의 과정으로서 삶을 조망할 수 있다면, 지금과는 전혀 다른 방식으로 살아갈 수 있을 것이다.

초기불교 경전《상윳따 니까야》는 불교의 궁극적인 메시지를 '열반(涅槃)'이라는 단어로 표현한다. '모든 형성된 것들의 가라앉음, 모든 재생의 근거를 놓아버림, 갈애의 멸진, 탐욕의 빛바램, 소멸'을 뜻한다.《앙굿따라 니까야》〈존재경〉에서 부처님은 "아난다여, 이처럼 업은 들판이고 알음알이는 씨앗이고 갈애는 수분이다. 중생들은 무명의 장애로 덮이고 갈애의 족쇄에 계박되어 알음알이를 확립한다"라며 괴로움의 원인으로서 갈애를 강조하신다. 갈애는 현재 자신의 모습에 만족하지 못할 때 생겨난다. 무언가 부족하다고 느껴 계속해서 채우고 얻으려고 하는 것이다. 반대로 지금 자신이 있는 그대로 충분하고 충만한 존재임을 자각하면 갈애를 그칠 수 있다. 아무것도 가지지 말고 궁핍하게 살라는 말이 아니다. 꼭 필요한 것이면 가져야 한다. 다만 그것이 정말 꼭 필요한 것인지 곰곰이 한번 따져보라는 얘기다.

부처님은 가진 게 별로 없었지만 누구보다 풍요롭게 사셨다. 스스로 부족함이 없는 존재임을 깨달았기 때문이다. 그리고 말씀하셨다. 우리도 부처님과 같다고. 나는 그 말을 믿는다. 그래서 부처님처럼 살고자 출가한 것이다. 갈애를 채우는 삶이 아니라 갈애를 없애는 삶을 살기 위해서. 당신은 어떤가? 어떤 식으로 행복을 향해 나아가고 있는가? 지금 삶이 괴롭고 힘들다면 뭔가 문제가 있다는 뜻이다. 그렇다면 다른 방식을 고려해보라. 쫓는 삶이 아닌 버리고 내려놓는 삶 말이다.

수수께끼 같은 시간을 넘어

해초

친구의 소개로 제철소에서 처음 일하게 되었다. 5월이라 작업량도 많았고 고열 작업이라 여간 고된 게 아니어서 하루에도 몇 번씩 일을 그만두고 싶었다. 그나마 함께하는 좋은 동료들이 있었기에 하루하루 견디며 시간 가는 줄 모르고 정신없이 일했다. 하지만 어디까지나 그 일은 좋아서 하는 게 아니라 먹고살기 위해 어쩔 수 없이 하는 일이었다. 어떤 것이 삶의 참 의미인지, 어떻게 살아야 할지 모른 채 그저 남들처럼 열심히 살다 보면 바라던 답을 얻을 수 있을 줄 알았다.

한참 뒤에 나는 다른 일을 시작했다. '코크스 미니 상승관'이라는 통로를 청소하는 일이었다. 온도가 1,200도에 이르는 고온의 작업장이었다. 3미터 높이의 상승관에서 굴뚝 청소를 할 때 여러 가지 생각이 들었다. '혹시나 불기둥이 위로 솟아오르면 어떡하지? 혹시 내가 아래로 본의 아니게 빠져버리면?' 두려움과 잡생각이 들 때면 속으로 광명진언을 외며 기도했다. 밥벌이를 위해 직장생활을 하면서 마음 한편으로는 부처님 기도를 하는 등 여러모로 들뜬 시기였다.

이후로도 여러 지역에서 다양한 기술을 배우며 현장에서 일했다. 매번 주어진 일에 최선을 다했지만 갈수록 마음속에 '계속 이렇게 살아야 할까'라는 의문이 커져갔다. 하나

둘 나이를 먹어갈수록 예전에 비해 점점 더 자주 탈이 나는 몸을 보면서 이렇게 살다가는 5년이나 10년 안에 병들어 죽거나 외톨이가 될 것만 같았다.

삶에 대한 의문, 삶에 대한 두려움을 안고서 매일을 살아가는 게 막막하고 버거웠다. 하지만 그런 삶에서도 얻는 게 있었다. 많은 사람이 저마다의 방식으로 살아가는 모습을 보면서 나도 얼마든지 지금과는 다른 삶을 살아갈 수 있다는 희망과 확신이 생겼다. 그 한 가닥을 부여잡고 떠돌던 시간 끝에, 나는 지금 여기에 있다. 수수께끼 같은 의문과 두려움에 대한 답을 찾아 나서는 이 길 위에.

부처님은 가진 게 별로 없었지만

누구보다 풍요롭게 사셨다.

스스로 부족함이 없는 존재임을

깨달았기 때문이다.

그리고 말씀하셨다.

우리도 부처님과 같다고.

나는 그 말을 믿는다.

2부

아웅다웅
살면서 배우고
있습니다

미우나 고우나 도반이 최고

광조

내가 어렸을 때 부모님은 맞벌이하느라 늘 늦은 밤 집에 오셨다. 혼자서 무언가를 하는 게 습관이 된 탓인지, 나는 어릴 적부터 독립적인 성향이 강했다. 다른 사람과의 협력이나 협동보다 혼자 하는 걸 좋아하고 편안해했다. 커서도 오랫동안 자취 생활을 하다 보니 혼자인 삶에 더 익숙해져서 다른 사람에게 도움을 요청하길 꺼렸다. 때로는 말이든 행동이든 다른 사람이 내 일에 관여하는 게 방해로 느껴지기까지 했다. 이런 성격을 가진 내게 출가는 군대 이후로 다시 맞이한 쉽지 않은 단체생활이었다.

출가할 때 알고 있던 스님들이나 주변 사람들은 어느 곳으로 가게 되더라도 도반이 가장 중요하다고 말했다. 사실 그때는 도반이 있어도 그만 없어도 그만이라고 생각했다. 쭉 혼자서 해오던 방식이 머리카락 깎았다고 달라질 리 없고, 행자복을 입었어도 혼자 제 할 일을 잘하면 되겠지 하는 생각이었다.

출가 후에 가장 먼저 왔다는 이유로 얼떨결에 행자 반장이 되었다. 하루는 뒷정리를 끝내고 방에 들어가는데 주지스님이 나를 불러 세웠다. 조금 뒤에 행자가 들어올 거라고 하셨다. 지금은 바깥세상으로 돌아간 승가대학 도반스님이었다. 이 스님과는 간혹 일과 관련된 부분에서 부딪히긴 했지만 서로 양보하면서 별문제 없이 잘 지냈다. 문제는 그 다음이었다. 세 번째 행자가 들어온 순간 악몽이 시작되었다. 나의 모난 성격을 고쳐주러 온 정이라도 되는 양 소임이든 대방생활이든 정말 많은 부분에서 부딪혔다. 다같이 생활하는 대방에서 큰 소리로 외국어 연습을 한다거나, 대학원을 다 마치지 않았다는 이유로 전화기를 가져와 매번 통화를 한다거나, 본인을 찾아온 가족과 음식을 배달시켜 먹는다거나, 가끔 아무 말 없이 사라졌다가 몇 시간이 지나서 불쑥 나타나는 등 여러모로 충격의 연속이었다.

스스로 단체생활에 익숙지 않음을 알고 성격이 급한 것도 알아서 입산할 때 '적어도 행자생활하는 동안에는 화내지 말아야지' 하고 다짐했건만 무참히 그 약속은 깨지고 말았다. 모난 성격이 다듬어지기는커녕 점점 더 날카로워지고 사소한 일에도 과민반응을 하는 것 같아 착잡한 심정이었다. '이 사람과 같이 승가대학에 다닐 바에는 차라리 다른 곳으로 가는 게 낫겠어.' 이런 못된 생각을 할 만큼 마음이 많이 상해 있었다.

우여곡절 끝에 행자생활을 끝내고 계를 받은 후 해인사

승가대학에 입학했다. 함께 공부할 도반이 여덟 명이나 되었다. 반가운 마음이 드는 한편 잘해 나갈 수 있을까 하는 걱정도 들었다. 미우나 고우나 도반밖에 없다, 도반이 뒤처지면 서로가 돕고 자리를 채워줘야 한다, 도반이 없으면 강원에 갈 필요가 없다…. 처음 출가할 때처럼 승가대학에 입학할 때도 도반의 필요성과 소중함을 강조하는 말을 정말 많이 들었다. 그럼에도 내 마음은 여전히 혼자였다. 행자생활을 거쳤어도 긴 시간 형성된 성격이 쉽게 바뀔 리 없었다.

다들 비슷한 마음이었던 걸까? 우리 1학년은 잘 굴러가는 듯하면서도 이리저리 흔들리는 수레바퀴 같았다. 한곳에 모였다고 모두 한마음이 되는 것은 아니다. 서로 다른 삶을 살아왔던 사람들이 단번에 합을 맞출 수는 없는 법, 사소한 언쟁 하나 없이 지내는 건 애초에 불가능한 일이었다. 엎친 데 덮친 격으로 봄 산철 감기가 유행하는 바람에 아픈 사람이 많아져서 다들 붕 뜬 상태로 시간을 보내버렸다. 그러다 시작된 하안거, 첫날 아침에 도반스님 한 명이 보이지 않았다. 간밤에 해우소를 다녀오는가 싶었는데 그 길로 돌아오지 않았다. 불행인지 다행인지, 빈 소임을 나눠 맡으면서 몸은 더 힘들어졌지만 도반들끼리 조금 더 *끈끈해지는* 계기가 되었다.

하안거가 시작된 지 얼마 지나지 않아 행자 때부터 아프던 발 상태가 더 나빠졌다. 병원에서 진료를 받았더니 족저근막염이라고 했다. 병원에서 돌아와 편한 신발로 바꿔 신고, 한동안 여러 가지 일에서 도반스님과 윗반스님의 도움을 받아야 했다. 하안거가 끝나가던 7월 초, 이번에는 몸이 아프기 시작했다. 사시공양을 올리고 나서 몸이 좋지 않아 잠시 자리에 누웠다. 상태는 계속해서 나빠졌다. 무슨 객기였는지 당장 병원에 가보자는 윗반스님의 제안을 거절하고 억지로 밤을 보냈는데, 다음 날 몸 상태가 더욱 나빠졌다. 결국 상강례를 마치고 윗반스님과 병원에 다녀왔다. 병원 침상에 누워 수액을 맞으니 좀 나아지는가 싶었는데 돌아오니 말짱 도루묵이었다. 꼼짝없이 며칠을 누워서 지냈다.

한창 바쁘게 지낼 때는 몰랐는데, 아파서 몸져누우니 도반스님들이 눈에 들어왔다. 내가 빠진 자리를 메꾸기 위해 한층 더 바빠진 도반스님들. 그동안 나 혼자 잘하면 되겠지 하고 생각하며 살았던 게 얼마나 어리석은 짓이었는지 뼈저리게 느꼈다. 열이 올라 정신이 혼미한 나를 위해 수액을 놓아준 윗반스님, 얼음주머니를 얹어주며 보살펴준 도반들, 그들 덕분에 지금 내가 이 자리에 있음을 안다.

지나고 보니 그때 내게 온 고통은 다른 사람의 행동을 유심히 지켜보고 이해하라는 부처님의 방편이 아니었나 싶다. 다른 사람에게 무관심했던 내가 해인사승가대학에 들어와 대중생활을 하며 조금씩 변해가는 모습을 보면서 스스로도 뿌듯함을 느낀다. 타인의 소중함을 몸소 체득하게 해준 모든 시절인연에 감사하고 감사할 따름이다.

참회하는 즐거움

해명

살면서 누구나 잘못을 저지른다. 의도했건 의도하지 않았건 다른 사람에게 피해를 주기도 하고, 그로 인해 비난을 받기도 한다. 그런 일이 없으면 좋겠지만 의지와 상관없이 생길 수 있다. 만약 내 잘못으로 인해 누군가 불편을 겪는다면 반드시 참회를 통해 잘못을 반성해야 한다. 진실한 마음으로 하는 참회는 스스로를 정화하고 남을 편안하게 만드는 힘이 있다.

출가 후 내가 처음으로 공부하러 간 곳은 강원도 백담사였다. 거기에 스님들을 교육하는 기본선원이 있다. 마음 같아선 강원이나 중앙승가대학교에 가고 싶었지만 선택권이 없었다. 출가한 사찰이 참선을 강조하는 곳이라서 기본선원 외에 다른 곳에서 공부한다는 건 생각조차 할 수 없었다. 못내 아쉽긴 했지만 아무것도 모르던 시절이라 시키는 대로 하면 잘될 거라 생각했다.

지난봄 사미계를 받고 백담사 기본선원에 입방해서 도반스님과 선배스님 들과 같이 공부하며 안거를 보냈다. 기본선원은 스님이 되기 위한 걸음마를 배우는 곳이라고 할 수 있는데, 고만고만한 사람들끼리 모여 지내다 보니 크고 작은 갈등이 빚어지기도 한다. 내가 잘났네 네가 잘났네 하는 기

싸움부터 선(禪)이 무어네 불교가 무어네 하는 진지한 대화가 오가면서 종종 얼굴을 붉히는 일이 발생한다. 대개는 발전적인 방향으로 갈무리되지만 가끔은 말다툼으로 번지는 때도 있다.

그 모습을 옆에서 지켜보고 있으면 한 가지 눈에 띄는 점을 발견하게 된다. 현명하고 지혜로운 사람일수록 논쟁에 참여하지 않는다는 것. 조금 안다고 티 내고 다니는 사람일수록 소리 높여 떠들고 논쟁하기를 좋아한다. 알고 보면 도토리 키재기에 불과하지만 초심자가 모이면 일상적으로 벌어지는 일이다. 나는 논쟁이 벌어지면 한 발 떨어져서 지켜보는 입장이었다. 지혜로워서가 아니라 아는 게 없어서였다. 불교의 '불' 자도 모르고 출가한 문외한이라서 대화에 낄 만한 지식이 없었다. 그야말로 백지처럼 아무것도 쓰여 있지 않은 상태였다.

1년 정도 하안거를 보내면서 무탈하게 지내고 있었는데 뜻하지 않게 사고를 치고 말았다. 기본선원에서는 안거 중 일주문 밖으로 나가는 걸 금한다. 포행을 목적으로 산에 오르는 건 허락되지만 마을로 내려가는 건 불가능하다. 그런데 사람 심리가 한곳에 오래 머물다 보면 자꾸 밖으로 나가고 싶어진다. 평소에는 나가라고 등 떠밀고 문 열어놔도 안 나가는데 나가지 말라고 하면 왜 그리 문밖을 나서고 싶은지. 나가서 특별히 할 일도 없으면서 공연히 마음이 일어난다. 그것이 발단이었다.

기본선원에는 보름에 한 번씩 머리를 깎는 삭발일이 있다. 그날은 오전에 삭발을 마치면 저녁 공양 전까지 자유시간이 주어진다. 대개 선원 내에서 편하게 쉬거나 아니면 설악산을 올라 오세암, 봉정암, 대청봉에 다녀오곤 한다. 어느 삭발일엔가 나는 딴생각을 품었다. 어디서 그런 용기가 났는지, 마음 맞는 몇몇 도반스님과 함께 속초 시내를 다녀오기로 했다. 몰래 마을버스를 타고 내려가서 속초행 버스에 몸을 실었다. 시내에 도착해서 영화 한 편 보고, 볼링도 치고, 짜장면도 맛있게 한 그릇 사 먹고, 후식으로 커피까지 마시고 백담사로 복귀했다. 아무 일 없었다는 듯 저녁 공양 시간이 지나갔고 다들 들키지 않았다며 내심 안심하고 있었는데 웬걸, 저녁 정진 시간에 선원장스님이 들어와 오늘 밖에 나갔다 온 사람은 자수하라는 게 아닌가? '아차' 싶었지만 이미 엎질러진 물이라 어쩔 도리가 없었다. 도반들의 따가운 눈총을 받으며 자수했다. 다음 날부터 참회의 절을 시작했다.

먹고 자는 시간 외에는 장삼을 두르고 참회의 절을 했다. 한여름이라 절을 시작한 지 몇 분 만에 겉옷까지 온통 땀으로 젖어버렸다. 여간 힘들고 괴로운 게 아니었다. 물론 내 잘못에 따른 대가였지만 절을 하는 동안 속에서 원망이 쌓였다. 시내에 나갔다 온 사실을 선원장스님이 알게 된 건 다른 도반의 고자질 때문이었다. 굳이 선원장스님에게 말해서 이런 고생을 시킨 도반이 얄밉게 느껴졌다. 참회한다면서 속으로는 원망과 증오를 담아 도반을 욕하면서 절을 했다.

갈수록 힘듦과 고통이 커져갔다. 대체 내가 왜 이런 고통을 겪어야 하지? 다 때려치우고 나가버릴까? 부정적인 생각이 자라고 몸과 마음이 겪는 괴로움이 절정을 향해 갔다. 땀 범벅이 되어 찬물로 샤워를 하고 다시 땀 범벅이 되고…. 3일 밤낮을 그렇게 절을 했다. 4일째 되는 날 조금씩 변화가 생기기 시작했다. 절하는 내 모습을 바라보면서, 문득 마음 속 도반을 향한 원망과 분노가 사라지고 모든 게 내 탓이라는 생각이 들었다. 마침내 도반에 대한 미움을 내려놓고 스스로를 반성하고 성찰하는 태도로 절을 하기 시작했다. 진정한 참회가 시작된 것이다.

모든 잘못은 나에게 있고, 모든 죄와 업은 내가 지은 것

이니 응당 받아 마땅한 참회라고 생각했다. 그러자 신기한 일이 벌어졌다. 절을 하는데 하나도 힘들지 않고 몸이 아주 가벼웠다. 이전의 힘듦과 고통은 찾아볼 수 없었다. 눈물이 났다. 입으로 말하지 않아도 가슴 깊은 곳에서 참회진언이 울려 퍼졌다. '옴 살바 못자모지 사다야 사바하.' 끝없이 참회 진언을 연호하는 동안 미움과 원망은 뜨거운 눈물과 함께 환희심으로 바뀌었다.

참회하는 행위를 행복한 일이었다고 표현하는 게 말이 될까? 모순처럼 들리지만 그 순간 나는 행복했다. 참회의 기쁨을 맛본 뒤 5일째를 끝으로 참회의 절은 마무리되었다. 샤워를 하고 옷을 갈아입고 나오는데 도반스님들이 말했다. 얼굴이 아주 맑고 좋아졌다고. 진실한 참회가 몸과 마음을 얼마나 깨끗이 정화하는지 몸소 체험한 순간이었다. 물론 두 번 다시 참회를 하고 싶진 않다. 힘든 건 사실이니까.

만약 수행자가 이와 같은 실상을 자주자주 생각하면서 참회할 수 있으면 사중죄(四重 罪)나 오역죄(五逆罪)도 저지를 수 없으니 마 치 허공이 불에 타지 않는 것과 같습니다.

만약 방일하고 뉘우침도 없고 부끄러움도 없으며 업의 실상을 사유할 줄 모르면 비록 죄의 자성이 없지만 장차 지옥에 떨어질 것이니, 마치 환술로 만든 호랑이가 도리어 환술사를 삼켜버리는 것과 같습니다. 그러므로 시방 부처님 전에 깊이 참괴(慚愧)심을 내어 참회합니다.

원효 스님의 저술 가운데 참회에 관한 내용을 담은 《대승육정참회(大乘六情懺悔)》에 나오는 대목이다. 앞서 누구나 살면서 실수를 저지르게 된다고 말했는데, 그렇다고 살면서 반성할 일이 많아서는 안 될 것이다. 다만 부득이하게 그럴 일이 생긴다면 진실한 마음으로 참회하는 시간을 가져보길 바란다. 그 시간이 스스로를 한 뼘 더 성장시키는 계기가 되어줄 것이다.

간절했던 기도 연습기

우원

하안거가 한창인 7월의 어느 날, 찰중스님의 호출이 있었다. 다른 도반 두 명과 함께 찾아갔더니 가을 산철 소임과 관련해서 응진전, 명부전, 독성각 등에서 예불을 집전하는 이른바 '삼법당' 소임을 맡기기 위해 미리 테스트를 하시겠다는 것이었다. 출가 전 사시예불 때 나오는 '유원무진삼보(唯願無盡三寶)'라는 구절이 마음에 들어서 일부러 그 시간에 맞춰 절을 찾기도 했던 나에게 이제 그 무대의 중심에 설 기회가 찾아온 것이다. 최대한 기억을 되살려서 예불의 진행 순서를 떠올리며 진지하게 테스트에 임했다. 하지만 그 정도로는 찰중스님의 날카로운 안목을 넘어갈 수 없었다. 결국 가을 산철이 오기 전에 다시 한번 테스트를 받기로 했다.

다른 사람에게 말할 수도 없고 혼자 속으로 고민을 많이 했다. 당시 삼법당 소임을 맡고 있던 윗반스님에게 도움을 청하기도 했다. 정말 하고 싶었기 때문이다. 처음 출가할 때의 마음을 잊지 않고 잘못된 길로 빠지는 일이 없도록 보살펴주십사 간절히 기도하고 싶었다. 마음처럼 몸이 따라주지 않을 때마다 약해지는 의지에 안이함과 나태함이 커지는 듯하여 두려울 때면 혼자서 마음으로 신장님들의 가피를 떠올리곤 했다.

다른 도반들이 찍어준 예불 영상을 참고하면서 거듭 반복해서 연습했지만 잘되지 않았다. 금방 본 영상인데도 도무지 생각나질 않았다. 보면 볼수록 마음만 허탈해졌다. 초조한 마음에 그만둘까 하는 생각도 들었지만, 부처님과 보살님에게 간절히 기도하는 심정으로 집중해서 연습에 몰두했다. 매일 하는 새벽예불과 같은 형식인데 왜 직접 하려니 잘 안 되는 것일까. 함께 예불할 때와 직접 목탁을 들고 예불을 집전할 때의 마음이 완전히 딴판이었다. 하루는 잘되는가 싶다가도 다음 날이면 처음 해본 사람처럼 기억이 나질 않았다. 목탁을 쥔 손과 입이 따로 놀았다. 애꿎은 두 손을 원망하는 날도 많았다.

방학을 맞아 본사의 은사스님에게 안부 인사를 드리러 갔다. 모처럼 얻은 자유시간을 어떻게 보낼지 특별한 계획이 있느냐는 은사스님 물음에 "산철 전각 소임이라 말사에 가서 염불 연습을 해야 합니다"라고 말씀드렸다. 그랬더니 말사에 가면 염불 봐줄 사람이 없을 테니 본사에서 하라고 하셨다. 3분 정근으로 하루 6시간씩 7일 기도를 하라는 것이었다. 7일 기도를 회향한 다음에 개인 용무를 보고, 다가올 추석을 맞아 말사에 가서 노스님들 공양을 챙겨드리라고 하셨다. 은사스님은 법요집을 건네주시며 우리말 천수경, 원문 천수경, 토굴가, 법성게 등 일자목탁(목탁 치는 방법의 하나로 일정한 간격으로 같은 크기의 소리를 내는 것)으로 할 수 있는 만큼 해보라고 하셨다. 바로 다음 날 7일 기도에 돌입했다.

기도를 시작한 지 3일째 되는 날, 저녁 무렵에 예고도 없이 두 도반이 찾아왔다. 같이 저녁 공양을 하고 저녁 기도를 올렸다. 천수다라니 21독, 정근 40여 분, 2시간가량의 기도를 마친 뒤에 어땠냐고 도반들에게 물으니 졸렸다고 한다. 냉정한 평가에 기운이 빠졌다. 그날 밤 도반들과 밤을 보내면서 말사에서 연습할 테니 와서 좀 가르쳐달라고 도움을 청했다. 두 사람 다 흔쾌히 허락해주었다.

말사는 무료 요양시설로 노스님 세 분이 지내고 계셨다. 따로 공양주가 없어서 낮에 봉사하는 분들이 오셔서 공양을 준비해주셨다. 삼시예불을 보고 노스님들 공양까지 챙기느라 많은 시간을 연습에 할애하진 못했지만 틈나는 대로 목탁을 치고 요령을 흔들면서 연습했다. 본사에서 7일 기도를 할 때는 제대로 된 준비 없이 시작한 탓에 신도분들이 들어오면 긴장이 되어 호흡이 흐트러지곤 했는데, 말사는 그럴 일이 없어서 한시름 놓을 수 있었다. 목탁 쥐는 법과 요령 흔드는 법을 차근차근 익히고 법요집을 보면서 전체 흐름을 익혀갔다.

처음에는 아주 어색했던 것이 점차 목탁을 치며 절하는 동작이 몸에 배었다. 자연스럽게 동작이 이어지는 걸 느끼면서 조금씩 자리가 잡히고 있음을 실감했다. 두 도반과 함께 정근목탁(목탁 채가 목탁에 부딪혀 튀기듯 소리를 내는 굴림목탁과 일자 목탁을 번갈아 가며 치는 것)을 할 때는 작은 소리에도 기척을 느낄 만큼 고요한 공간이었음에도 누가 오는지 의식하지 못할 만큼 집중 상태를 유지할 수 있었다. 점점 자신감이 붙었다. 도반들이 떠난 뒤에도 혼자 남아 소임을 보면서 부족한 부분을 반복해서 연습했다.

다시 해인사로 돌아왔다. 아직 방학이 끝나지 않았는데도 며칠 앞서 복귀한 한 도반은 테스트를 무사히 통과했다며 여유 있는 모습을 보였다. 나는 찰중스님을 찾아가 언제 테스트하실 것인지 여쭤보았다. 스님은 나중에 시간 날 때 한번 보자며 일단은 소임을 맡으라고 하셨다. 그 후 지금까지 나는 삼법당 중 한 곳에서 기도 소임을 맡고 있다. 노력이 결실을 맺은 셈이다.

지금도 가끔 진언을 두 번 했는지 세 번 했는지 헷갈릴 때가 있어서 기도할 때 손가락으로 횟수를 세곤 한다. 잡념이 들어 망상에 빠질 때면 어느 부분을 했는지 잊어버리기도 하고 주춤거릴 때도 있다. 여전히 서툴지만, 매 순간 알아차림 속에 집중하려 애쓴다. 무엇보다 지극한 정성으로 기도에 임하고 있다. 이제는 절을 찾는 신도들에게 100% 확신을 갖고 말할 수 있다. 간절히 원하고 정성을 다해 기도하면 부처님과 보살님이 반드시 가피를 내려주실 거라고. 이렇게 말할 수 있기까지 여러모로 힘이 되어준 도반들에게 감사의 말을 전한다.

끝내 포기하지 않는 사람

무위

아마 초등학교 고학년쯤이었던 것 같다. 스님이 멋지다고 느꼈던 때가. 내가 다니던 절에 한 스님이 오셔서 법상에 올라 대중을 휘어잡는 법문을 하시던 모습이 10년이 더 지난 지금도 기억에 선명하다. 머리카락도 없고 가사와 장삼을 입은 모습이 낯설고 이상하면서도 무엇 때문인지 멋있어 보였다. 스님을 향한 동경심과 존경심에 절에 가 스님 말씀 듣는 걸 즐겨 했다. 스님은 뭘 해도 달라 보였고, 특히 수행 이야기를 들을 때면 한없이 대단해 보였다.

그런 동경심이 동기가 되었을 것이다. 나도 출가자로 살고 싶다는 생각이 들었다. 마침 다니던 절의 스님에게 출가 권유를 받고는 인연 따라 행자생활을 시작했다. 삭발을 하고 정식으로 부처님께 귀의했다는 사실이 기뻤다. 그러나 기쁨은 생각보다 오래가지 않았다. 출가자로서 내 모습이 존경하고 바라왔던 스님 모습과는 사뭇 달랐기 때문이다. 행자 생활하는 동안 툭 하면 예전 습관이 튀어나오기 다반사였고 출가 전과 다름없이 게으르기 일쑤였다. 은사스님의 경책은 물론이고 스스로 질책도 많이 했지만 잠시뿐이었다. 어느덧 그토록 바라던 사미계를 받을 때가 되지만 즐겁지 않다. '내가 계를 받고 스님이라고 불릴 자격이 있을까?' 머릿속에 온통 이 생각뿐이었다. 내가 생각하는 스님이란 계율을 잘 지키고, 열심히 수행하며, 사람들의 질문에 잘 답해주는 그런 존재였다. 그에 비해 나는 턱없이 부족해 보였다.

은사스님 밑에서 지낼 때와는 달리 강원에 온 뒤로는 여러 사람과 함께 생활하면서 다양한 면면을 보고 느낄 수 있었다. 비슷한 시기에 계를 받고 스님이 된 이들이 대부분이다 보니 나와 비슷한 모습을 종종 목격할 수 있었다. 특히 온종일 붙어 다니는 도반스님들은 마치 거울에 비친 내 모습 같았다.

언젠가 도량 청소를 할 때의 일이다. 그날따라 너무 피곤한 나머지 청소가 끝나기만을 기다리면서 적당히 빗자루질하는 척하고 있었는데, 슬쩍 눈을 돌려 보니 다들 그러고 있는 게 아닌가. 웃음이 절로 나왔다. 한편으로는 대단하다는 생각이 들었다. 다들 힘든데 누구 한 사람 불평하는 이 없이 제 할 일을 다 마쳤기 때문이다. 그 모습이 참 보기 좋았다. 힘든 일이 있으나 좋은 일이 있으나 경계에 속지 않고 자기 갈 길을 가는 것, 어쩌면 이것이 수행자의 참모습이 아닐까 하는 생각이 들었다.

수행자, 스님의 마음가짐과 행동 중에서 가장 중요한

덕목을 고르라면 정진을 꼽고 싶다. 살다 보면 누구에게나 어려움이 찾아온다. 좌절을 느끼고 포기하고 싶을 때가 온다. 스님도 마찬가지다. 출가 후에 스스로 흔들리기도 하고 본의 아니게 괴로운 일에 얽혀 힘들 때도 있다. 그럼에도 퇴굴심을 내지 않고 마음을 가다듬어 다시금 한 걸음씩 나아갈 수 있는 건 정진의 힘 덕분이다.

'출가생활이란, 백발노인이 강물을 거슬러 정상에 오르기 위해 노를 젓는데 한 번 저을 때마다 두 번 젓는 것만큼 밀려나 결국 바다까지 밀려날지언정 노 젓는 것을 포기하지 않고 다시 한번 노를 젓는 것과 같다.' 은사스님 말씀이다. 이 말을 듣고 한참이 지나서야 알게 되었다. 어릴 때 왜 그리 스님들이 멋지다고 느꼈는지를. 그건 스님들이 세상 모든 유혹을 떨쳐낸 특별한 존재여서가 아니다. 오히려 온갖 유혹에 흔들릴지언정 끝내 굴하지 않고 바른 깨달음을 향해 가는, 뜨겁게 정진하는 수행자이기 때문이다. "포기하지 않는 것도 실력이다." 영국 최고의 명문 구단 맨체스터 유나이티드의 전 감독 알렉스 퍼거슨 감독의 말이다. 나도 그런 사람이 되고 싶다. 포기하지 않고 정진하는 실력 있는 스님이!

아직 갈 길이 멀다

일벽

집 떠나 사는 즐거움

공복고심여아호(空腹高心如餓虎)

무지방일사전원(無知放逸似顚猿)

《초발심자경문》에 나오는 글귀다. 풀이하면 속은 비고 마음만 높으면 굶주린 호랑이와 같고, 아는 것 없이 게으르면 거꾸로 매달린 원숭이와 같다는 뜻이다. 수행자의 비참한 모습을 비유한 말인데, 딱 지금 내 심정이다.

얼마 전 첫 용맹정진이 끝났다. 지난 하안거 때는 발목을 다쳐서 정진을 못 했기에 이번이 실질적인 첫 실참 수행이었다. 전에도 화두참구 한답시고 찔끔거린 적은 있지만 7일 동안 화두에 집중하도록 멍석이 깔린 건 이번이 처음이었다. 용맹정진을 앞둔 나의 의기는 대단했다. 척하면 척 이루어지는 만화 속 주인공처럼 나의 수행 또한 일사천리로 이루어지리라 생각했다.

첫날 입선 죽비를 친 지 10분도 채 되지 않아 꾸벅꾸벅 졸았다. 경행할 때 〈증도가〉를 외며 마음을 다잡았으나 앉자마자 밀려오는 졸음 앞에서는 무용지물이었다. 강원생활의 피로가 누적된 탓인지 이틀을 내리 졸았다. 3일째부터는 슬슬 다리에 통증이 오기 시작했다. 무릎이 깨질 것처럼 아팠고 허벅지 근육은 걸레 짜이듯 뒤틀렸다. 앞자리에 동당스님(東堂, 동쪽 당에 계시는 어른스님)과 선현스님(禪賢, 포교일선에 종사하다 선원으로 들어오신 어른스님)이 계셨기에 체면을 차리느라 꾹 참고 버텼다. 허리를 곧추세우고 지그시 눈을 내린 모양새가 겉보기엔 성성한 수좌처럼 보였을지 몰라도 속에서는 온갖 망상이 들끓었다. 화두에 집중하려 해도 도무지 잡히지 않았다. 그래 놓고는 경행 시간에 잠깐 차담을 먹는 사이, 동당스님이 지나가며 "학인스님들이 정진을 잘하네" 하시는 말씀에 철없이 으쓱해졌다. 수좌 꿈나무에 취해버렸다. 이후로도 나의 수좌 흉내는 계속되었다. 아니, 더 심해졌다. 옛 큰스님들의 위법망구 정신을 떠올리며 고통 참기에 박차를 가했다. 화두가 있을 리 없었다. 되레 화두가 잡히지 않음을 스스로 한탄하는 지경에 이르렀다. 가관이었다.

들끓는 망상이 슬슬 지겨워지던 5일째, 왜 화두가 안 잡히는지 차츰 의문이 들었다. 문득 은사스님에게 화두를 달라고 졸랐을 때 들었던 꾸지람이 떠올랐다. "녀석아, 네가 화두가 뭔지는 알아? 나는 고뇌하는 놈이 좋아. 너는 허우대만 멀쩡하지 영 싱거운 놈이야." 당시에는 그 말을 귓등으로 흘려들었는데 막상 좌복 위에 앉아 있으니 그 말씀이 뇌리에 맴

돌았다. 왜 그런 말씀을 하셨는지 곰곰이 생각했다. 스스로를 돌이켜 보았다. 남는 게 시간이겠다, 출가 발심을 할 때부터 차근차근 되짚어봤다. 이유를 알 것 같았다.

나는 쭉정이었다. 큰스님들의 수행담과 법문을 몸에 칭칭 감아 포장하고 다녔다. 또한 나는 앵무새였다. 되새김질 없이 읽고 들은 대로 내뱉었다. 말의 무게를 알지 못했다. 사유의 부족이었다. 사실 전부터 알고 있었다. 다만 마주 보기 두려운 마음에 애써 외면해왔는데, 이번 용맹정진을 계기로 밑천이 완전히 드러난 것이다. 첫 용맹정진을 회향하며 내가 얻은 것은 깨달음도 무용담도 아니었다. 커다란 거울이었다.

용맹정진은 내 꼬라지를 선명하게 보여주었다. 나의 흉내 내기는 치기 어린 행동 그 이상도 이하도 아니었다. 선지식들의 치열한 정진의 밑바탕에는 수많은 고뇌와 사유가 있었음을 알지 못했다. 큰스님은 큰스님이고 나는 나다. 그분들은 길잡이일 뿐 실제로 길을 걷는 사람은 나다. 고(苦)가 무엇인지 몸소 느끼고 일대사가 내 문제로 다가와야 한다. 끊임없는 사유와 성찰을 거쳐야만 비로소 '일벽'의 수행관이 갖춰지는 것이다. 나의 수행은 내 안에서 찾아야 한다. 아직 갈 길이 멀다.

중물이란 무엇인가

일승

소위 '강원'이라고 불리는 승가대학의 장점은 무엇인가? 천하의 구글(Google)도 이에 대해서는 답을 주지 못했다. '중물을 들이기 위해서'라는 은사스님의 말씀만으로는 궁금증이 가시질 않았다. 그 '중물'이란 게 무엇인지에 대한 명확한 정의가 필요했다. 이 문제를 해결하기 위해서 나는 학인으로 위장해 해인사승가대학에 잠입했다. 1년 반의 시간이 흐른 지금, 해인사승가대학에서 경험하고 체득한 바는 이렇다.

출가하는 이들은 대부분 확고한 신념에 의해 무엇에 이끌리듯 승가에 입문한다. 여생을 불교에 귀의하고자 머리를 깎기도 하고, 부처님이 그랬듯 깨달음을 얻기 위해 이 길을 선택하기도 한다. 출가의 이유는 각자 다르지만 대다수 출가자의 공통분모는 범인(凡人)의 생각을 넘어서는 이상의 추구에 있다.

나는 삭발 후 옷을 바꿔 입으면 기존의 생각과 습관이 마치 영화처럼 일시에 바뀌리라 생각했다. 지향점으로 삼은 스승이나 부처님처럼 모든 수행자가 마땅히 그런 모습으로 살아야 하고, 항상 타인의 모범이 되어야 한다는 잣대를 가지고 있었다. 이에 반하는 사람을 볼 때면 그를 비난함으로써 나의 교만을 채웠다. 그러면서 하루빨리 선방에 가 견성하리라 다짐했다.

승가대학의 일상은 생각보다 녹록지 않았다. 막연한 고요 속에서는 어떠한 성장도 이뤄낼 수 없음을 몸소 체험케했다. 긴 시간 많은 사람과 마찰음을 내면서 수면 아래로 가라앉아 있던 자신의 부족함에 눈뜨게 되었다. 경계 속에서마주한 나는 아주 볼품없었다. 나의 실재는 이상적인 수행자의 모습이 아닐뿐더러 그토록 내가 힐난하고 무시하던 이들의 투영이었다.

승가대학 생활을 통해 분명히 알게 된 것 중 하나는 '출가자는 이래야 해', '이렇게 살아야 해'라는 정해진 틀이 없다는 것이다. 부처님 말씀을 등불 삼아 각자의 삶을 살아갈 뿐이다. 내 모습이 내가 알던 전부가 아니듯, 내게 비친 타인의삶 또한 그의 전부가 아니다. 내가 부족한 것처럼 다른 이들도 그러함을 받아들여야 한다. 서로를 이해하고 마음을 넓게열어둠으로써 더욱 수행자다운 삶에 가까워질 수 있다. 물론자신에 대한 평가와 노력만큼은 엄격해야 할 것이다.

여러 사람과 같이 살기는 쉽지 않다. 서로 사랑하는 관계라고 할지라도 한 공간에 오래 같이 머물면 크고 작은 마찰이 생기기 마련이다. 하물며 전혀 다른 성향의 성인 남성

들이 모여 있으면 어떨까. 승가대학에서는 하루가 멀다고 이벤트가 발생한다.

승가대학에서는 대중의 화합을 위해, 또는 수행자다운 삶을 살아가기 위해 습의를 익힌다. 각자 노력해서 체화하는 것이 가장 이상적이지만 익숙해지기 전까지는 어쩔 수 없이 타인의 지적과 질책이 뒤따를 수밖에 없다. 대중생활에 적응하는 것만 해도 나에게는 충분히 어려운 과제였는데, 한술 더해 끊임없이 이어지는 윗반스님들의 잔소리는 매일 스트레스를 유발했다. 기나긴 적응기는 두 번 다시 경험하고 싶지 않은 고통의 시간이었다. 하지만 그 과정을 통해 말로는 표현하기 힘든 단단한 마음을 얻은 것도 사실이다.

스트레스받는 상황에서 폭발하듯 분노를 내뿜는다고 해서 문제가 해결되지 않는다. 속은 좀 후련할지 몰라도 상황은 달라지지 않는다. 오히려 화로 인해 문제가 더 심각하게 꼬일 수도 있다. 물리학 용어 중에 임계점(臨界點)이라는 게 있다. 한자로 뜻을 풀이하면 다다를 '림', 경계 '계', 점 '점'. 즉 '경계에 다다른 그 지점'이라는 뜻이다. 사람마다 각자 가진 스트레스 임계점이 다를 것이다. 누군가는 사소한 일에도 민감하게 반응하지만 어떤 사람은 둔해 보일 만큼 웬만한 일에는 스트레스를 받지 않는다. 1년여의 승가대학 생활은 나의 스트레스 임계점을 높여주었다.

지금까지 낱낱의 경험을 통해 '중물'이라는 말에 담긴 숨은 뜻을 어렴풋이 짐작할 수 있었다. 그러나 명확한 답은 아직 얻지 못했다. 남은 2년여의 기간 동안 실체를 파악할 수 있을지 없을지 장담할 수 없지만, 적어도 이곳에서의 생활이 단지 헛된 시간 낭비는 아님을 분명하게 말할 수 있다.

줄다리기 시합이 가져다준 행복

견진

해인사에서는 단옷날 사중에 있는 모든 스님이 모여 체육대회를 한다. 국립공원관리단, 지역사회 주민들, 행자들까지 참여하는 큰 행사다. 2021년에 코로나로 인해 몇 년간 진행되지 못한 단오 축제를 오랜만에 다시 개최하게 되었다. 투호, 제기차기, 널뛰기 등 여러 놀이가 준비되어 있었는데 이날 가장 화제가 되었던 건 단연 줄다리기였다. 1등 상금이 무려 50만 원이었기 때문이다. 내가 속한 행자팀을 포함해 총 16개 팀이 줄다리기 경기에 참가했다. 팀당 5명씩만 출전할 수 있었기에 우리 팀에서 제일 마른 6행자(여섯 번째 행자)를 제외한 나머지 인원이 투입되었다. 경기가 있기 2주 전부터 선수를 확정하고 전략을 준비했다.

운명의 날, 가위바위보로 대진표가 확정되고 경기가 시작되었다. 우리는 앞선 팀들의 시합을 관전하며 어느 팀이 강팀인지 전투력을 측정했다. 경기 전에는 다른 팀 참가자 대부분이 40~60대여서 상대적으로 젊은 우리가 어느 팀과 맞붙든 이길 수 있으리라 생각했다. 그런데 막상 뚜껑을 열어보니 다들 강팀이었다. 역시 자본주의 사회에서는 돈이 최고의 동기부여라는 것을 절실히 느꼈다. 여러 참가팀 중에서 단연 강해 보인 건 국장스님단과 국립공원관리단이었다. 다

들 다부진 몸을 한 국장스님단 선수들은 마치 천년 동안 제자리를 지켜온 고목처럼 꿈쩍도 하지 않았다. 국립공원관리단 역시 다부진 몸으로 상대를 압도하며 연승을 거두었다. 해인사승가대학 1, 2팀이 제물이 되었다.

드디어 행자들 순서가 되었다. 97, 98, 99킬로그램의 건장한 행자 세 명이 처음과 가운데와 끝에서 각자의 역할을 맡았다. 4행자가 맨 앞에 서서 행자들을 리드했고, 2행자는 가운데에서 중심을 잡고, 3행자는 맨 뒤에서 줄을 허리에 감고 드러누웠다. 상대 팀인 이장단도 만만치 않았다. 이장님들은 매일매일 농사를 지어서 팔뚝이 우람했다. 경기가 시작되고 팽팽하게 줄이 당겨졌다. 어느 한쪽으로 기울지 않다가 점점 행자들 쪽으로 줄이 넘어오기 시작했다. 아무리 이장님들이 농사로 힘을 길렀다지만 금강역사같이 듬직한 세 명의 행자 앞에서는 추풍낙엽이었다. 이내 호각이 울렸고 우리 행자팀이 승리했다.

16강전과 8강전을 손쉽게 통과하고 준결승전을 맞이했다. 행자팀은 누구도 꺾을 수 없을 것처럼 한껏 기세가 올라 있었고 대중들도 젊은 행자들을 응원하고 있었다. 준결승전 상대는 국장스님단이었다. 가히 미리 보는 결승전, 에이스

결정전이었다. 국장스님들은 파죽지세로 올라온 행자팀을 이기기 위해 털신에서 운동화로 갈아신고 선수를 교체하는 등 만발의 준비를 했다. 반면 행자들은 기존 선수가 그대로 출전했다. 사실 행자팀은 연이은 시합으로 인해 이미 체력이 고갈된 상태라 8강전 이후 바로 이어지는 준결승전이 부담스러웠다. 그나마 사정을 헤아린 기획국장스님의 배려 덕에 일정을 조정해 10분간 더 휴식을 취할 수 있었고, 그사이 북카페 보살님이 정성껏 갈아준 수박 주스를 마시며 조금이나마 기력을 회복할 수 있었다.

셋, 둘, 하나, 시작을 알리는 총소리와 함께 경기가 시작되었다. 헛둘헛둘 기합 소리에 맞춰 행자들은 온 힘을 다해 줄을 잡아당겼다. 조금씩 줄이 행자팀 쪽으로 끌리기 시작했다. 승리를 확신하는 순간이었다. 그러나 호각은 울리지 않았고 점점 줄은 원위치로 돌아갔다. 갈수록 행자들은 힘이 빠졌다. 반대로 국장스님들은 강해졌다. 곧 상황이 역전되어 줄이 국장스님단 쪽으로 끌려가기 시작했다. 이내 호각 소리가 크게 울렸고 시합은 국장스님단의 승리로 끝이 났다. 아쉽게 시합에서 지고 말았지만 최선을 다했기에 다들 웃으며 결과를 받아들였다. 이어진 3, 4위 결정전에서 가볍게 승리한 행자팀은 최종 순위 3위를 차지했다.

이날 줄다리기 경기 우승팀은 국장스님단이었다. 우승을 차지한 국장스님들은 넓은 마음으로 상금을 행자들에게 보시하셨다. 그 덕에 1위와 3위 상금과 상품을 모조리 챙긴 우리 행자팀이 줄다리기 경기의 진정한 승자가 되었다. 이날 받은 상금은 공양간 식구들과 행자들이 맛있는 차담을 먹는 데 사용되었다.

체육대회가 끝난 뒤 행자들 간에 유대감이 더욱 끈끈해졌고 서로 더 믿고 의지하게 되었다. 또 경기를 본 사중스님들이 행자들을 보면 반갑게 인사하고 응원해주셔서 큰 힘이 되었다. 두고두고 잊지 못할 소중한 추억을 얻게 되어 감사하다. 나는 행복해지고 싶어서 출가했다. 서로 화합하고 존중하며 살아가는 해인사 승가에 속한 지금, 너무 행복하다.

힘든 일이 있으나

좋은 일이 있으나

경계에 속지 않고

자기 갈 길을 가는 것,

어쩌면 이것이

수행자의 참모습이 아닐까.

도반스님의 고귀한 선물

금어

매년 해인사는 단오절에 체육대회를 연다. 내가 1학년 때는 축구 단일 종목으로 체육대회가 진행되었는데, 학인스님은 물론이고 지역 참가팀의 열기가 대단했다. 마치 2002년 대한민국 국가대표 축구팀이 월드컵 8강전, 4강전을 치를 때와 흡사한 분위기였다.

학인스님들은 체육대회 2~3주 전부터 축구 울력에 돌입했다. 연습이 아니라 울력! 절에서 대중 울력은 '죽은 귀신도 나와서 한다'라는 말이 있을 만큼 중요한 일과다. 한 사람도 예외가 있을 수 없다. 더군다나 중차대한 결전을 앞둔 만큼 1학년은 빠짐없이 참여해야 했고 누구보다 열심히 뛰어야 했다. 목표는 두말할 것 없이 우승이었다.

사건이 벌어진 그날 오후에도 축구 울력이 있었다. 예정된 시간에 다들 운동장에 모여 준비운동을 하고 축구 시합을 했다. 나는 이 한 몸 불사른다는 각오로 발에 땀이 나도록 운동장을 누볐다. 그렇게 한참을 공을 따라다니다가 상대편 선수와 부딪히는 바람에 무릎을 다치고 말았다. 당일은 파스를 붙이고 견뎠지만 자고 났더니 통증이 더 심해져서 걷기조차 힘든 상태였다. 병원에 가서 치료를 받았는데도 움직일 때마다 통증이 심해서 혼자서는 옴짝달싹할 수 없는 신세가 되고 말았다. 결국 찰중스님으로부터 '당분간 대중생활 열외'라는 지시가 떨어졌다.

환자라는 이유로 대중생활에서 제외되었지만 마음이 편치 않았다. 내가 맡은 청소나 기타 소임을 다른 도반스님들이 대신해야 했기 때문이다. 1학년은 자기가 맡은 소임만 하면서 지내기도 벅찬 시기인데 본의 아니게 다른 스님들에게 피해를 주게 되어 미안함과 불편함이 마음에 가득했다. 혼자서는 아무것도 할 수 없어서 무력감도 쌓이고, 도반스님들에게 짐이 되고 있다는 생각에 부담감도 커졌다. 무리하게 공을 찬 것에 대한 후회가 막심했다. 또한 해인사에서는 안거 때마다 7일간 용맹정진을 하는데 1학년은 의무적으로 참여해야 한다. 안거를 앞두고 다치는 바람에 과연 용맹정진을 잘 해낼 수 있을지 걱정이 태산이었다. 복잡한 감정이 뒤섞여서 슬프고 화나고 괴로운 나날의 연속이었다.

가시방석에 앉은 것 같은 심정으로 일주일 정도를 보냈을까. 하루는 공양을 챙겨주는 도반스님이 다리가 좀 나아졌는지 물어왔다. 부담감으로 인해 몸도 마음도 견디기 힘든 상황이라고 솔직한 심정을 털어놓았다. 한참 내 얘기를 들어주던 스님이 잠깐 나갔다 들어오더니 손에 경전 하나를 쥐여

주었다. 경전에 있는 부처님 말씀이 도움이 될 거라면서 말이다. 몸이 아프면 마음도 같이 아파진다고, 약해진 마음이 감성적이 되었던지 책을 받아 보는데 눈물이 핑 돌았다. 그날 스님이 내게 주고 간 경전은《상윳따 니까야》〈화살경〉이었다.

비구들이여, 배우지 못한 범부는 육체적인 괴로움을 겪게 되면 근심하고 상심하며 슬퍼하고 가슴을 치고 울부짖고 광란한다. 그는 이중으로 느낌을 겪는 것이다. 즉 육체적 느낌과 정신적 느낌이다. 비구들이여, 예를 들어 어떤 사람이 화살에 찔리고 연이어 두 번째 화살에 또다시 찔리는 것과 같다. 그 사람은 두 화살 때문에 오는 괴로움을 모두 겪는다.

비구들이여, 그러나 잘 배운 성스러운 제자는 육체적으로 괴로운 느낌을 겪더라도 근심하지 않고 상심하지 않고 슬퍼하지 않고 가슴을 치지 않고 울부짖지 않고 광란하지 않는다. 그는 오직 한 가지 느낌, 즉 육체적 느낌만 경험할 뿐이며 결코 정신적인 느낌은 겪지 않는다. 비구들이여, 예를 들어 어떤 사람이 화살에 맞았지만 첫 번째 화살에 연이은 두 번째 화살에는 맞지 않는 것과 같다. 그래서 그 사람은 하나의 화살로 인한 괴로움만 겪는다.

비구들이여, 그와 같이 잘 배운 성스러운 제자는 괴로운 느낌에 접하더라도 결코 근심하지 않고 상심하지 않고 슬퍼하지 않고 가슴을 치지 않고 울부짖지 않고 광란하지 않는다. 그는 오직 한 가지 느낌, 즉 육체적 느낌만을 경험할 뿐이다. 그는 즐거운 느낌을 경험할 때도 매이지 않고 그것을 느낀다. 괴로운 느낌을 경험할 때도 매이지 않고 그것을 느낀다. 괴롭지도 즐겁지도 않은 느낌을 경험할 때도 매이지 않고 그것을 느낀다.

'배우지 못한 범부는 육체적인 괴로움을 겪게 되면 근심하고 상심하며 슬퍼하고 가슴을 치고 울부짖고 광란한다.' 이 대목을 읽으면서 뒤통수를 한 대 얻어맞은 것 같았다. 마치 부처님이 "이 어리석은 놈아, 지금 무얼 하고 있느냐. 번뇌망상에 빠져서 아까운 시간을 허비하고 있지 않느냐. 그럴 시간에 경전이나 한 번 더 읽어라" 하고 경책하시는 듯했다.

불가(佛家)에서는 쓸데없는 근심과 걱정을 '번뇌망상(煩惱妄想)'이라고 한다. 생각해야 할 것은 생각하지 않고 생각하지 말아야 할 것을 생각하는 걸 말한다. 나는 쓸데없는 번뇌망상에 사로잡혀 있었다. 근심한다고 해서 해결되지도 않을 일을 붙들고 혼자서 괴로워하고 있었으니 말이다. 다리를 다친 것, 다리가 아파서 대중생활에서 열외되었던 건 내가 선택한 일이 아닌 어쩔 수 없는 현실이었다. 현실을 받아들였다면 첫 번째 화살을 맞는 걸로 끝났을 것이다. 즉 몸만 조금 아플 뿐이었겠지만, 나는 그 일로 무력감과 부담감을 느끼면서 자책하고 지난 일을 후회했다. 스스로 두 번째 세 번째 화살을 맞은 것이다.

다행히 도반스님의 배려로 부처님의 고귀한 가르침을 접할 수 있었고 마음을 돌이켜 살펴보게 되었다. 육체적인 고통은 어쩔 수 없지만 정신적인 고통은 스스로 만들어내는 것임을 또렷이 알게 되었다. 축구를 하다가 다친 몸에서 느껴지는 불편함, 환자가 되어 대중생활에서 열외된 데 대한 미안함과 부담감, 그 모든 것이 실은 스스로 만들어낸 정신적인 고통이었음을 알아차렸다. 그러자 모든 것이 달라졌다. 먼저 도반스님들을 향한 미안함이 감사함으로 바뀌었다. 감사한 마음이 커지니 부담감이 사라지고 자연스럽게 스님들과 화합하고 어울릴 수 있게 되었다. 소외감과 무력감도 사라졌다. 마음이 안정되고 다시 활기찬 생활로 돌아갈 수 있었다. 걱정했던 것과 달리 7일간의 용맹정진도 무사히 치를 수 있었다.

일련의 과정을 겪으면서 '훌륭한 스님들이 공부하고 있는 해인사승가대학에 오길 정말 잘했구나' 하는 생각이 들었다. 이곳에서 좋은 도반들을 만나고, 그 인연으로 부처님의 고귀한 지혜가 담긴 경전을 만날 수 있었으니 말이다. 정말 감사한 일이다. 그동안 얼마나 경계에 얽매이며 살아왔는지 알게 된 것만으로도 부처님께 두 손 모아 예경하게 된다. 이 은혜에 보답하는 길은 발심 출가자로서 끊임없이 정진하며 깨달음의 길을 닦아가는 것이 아닐까 한다.

졌잘싸, 토론대회를 회상하며

현담

해인사승가대학에 입학한 지 석 달이 넘어가고 있다. 하안 거를 맞아 힘든 대중생활을 해나가는 와중에 토론대회 공지 가 올라왔다. 해인사승가대학의 연례행사였다. 올해 주제를 찬찬히 살펴보았다. '삼세실유(三世實有)는 현대에도 유효한 가?' '유전자 가위 기술은 업의 발현을 왜곡시키므로 불교 윤 리에 반한다?' 나는 고개를 갸우뚱했다. 삼세실유? 그게 뭐 지? 유전자 가위 기술은 또 뭐야? 처음 들어본 생소한 용어 였다. 용어의 의미부터 명확히 이해하고 넘어가고 싶어서 교 수사스님이 주신 관련 자료를 살펴보았는데, 곧 실망감에 빠 져들었다. 여러 차례 읽어봐도 무슨 말인지 이해되지 않았기 때문이다. 도반들은 어떨까 하고 둘러보니 역시나 마찬가지 였다. 다 같이 모여 서로 궁금한 점을 물었지만 속 시원한 답 은 얻을 수 없었다.

생소한 용어와 씨름하면서 며칠을 보내는 사이 하나 둘 포기하는 사람이 눈에 띄었다. 개념을 명확히 알지 못하 니 토론은 어불성설이었다. 나 역시 뜻이 잘 잡히지 않는 용 어 때문에 반쯤 마음을 내려놓았다. 대회 당일, 다들 비슷하 겠거니 하는 마음으로 토론대회가 열리는 조사전으로 향했 다. 첫 번째 경기가 끝나고 두 번째 경기를 기다리면서 내 머릿속은 혼란스러워졌다. 예상보다 다들 준비를 잘해온 것이다. '그래, 이 팀이 준비를 잘한 거겠지.' 애써 침착함을 유지한 채 다음 경기를 지켜보는데 불안은 야속함으로 바뀌었다. '이 사람들이! 잘 모르겠다고 할 때는 언제고…' 마지막 토론이 끝났을 때 나는 도반들의 페이크 전략에 넘어가버린 자신을 원망하며 그동안 무얼 하고 있었는지 반문했다.

다음 날, 다급해진 마음으로 조금이라도 더 준비해서 토론에 나섰다. 당연히 그것으로는 역부족이었다. 제대로 이해하지 못한 상태에서 한 발표는 허점투성이였다. 부끄러움 속에 첫 경기를 마쳤다. 다행히 시합은 남아 있었다. 나는 습의, 수업, 울력으로 쏜살같이 지나가는 하루 중에도 틈틈이 자료를 모아 공부하며 다음 경기를 대비했다. 첫 경기와 같은 모습을 보이고 싶지 않았기에 자투리 시간까지 허투루 보내지 않았다. 팀원들 역시 같은 마음으로 진지하게 다음 토론을 준비했다. 곧 다음 경기가 다가왔다. 이번에는 열심히 준비한 만큼 좋은 성과가 있으리라 기대했지만 상대 팀도 만만치 않았다. 결과는 졌잘싸(졌지만 잘 싸웠다)!

개인적으로 토론대회를 통해서 많은 배움을 얻었다. 경전에 기반한 불교적 시각으로 세상일을 바라보는 힘을 기를 수 있었고, 자기 생각을 대중에게 전달하는 능력과 자신감, 협력, 중도적 사고란 무엇인지 짧게나마 경험할 수 있었다. 무엇보다 뜻깊었던 건 점점 변화해가는 나와 도반들의 모습을 지켜보는 일이었다. 스님이라기에 아직 배워야 할 게 많고 이제 막 걸음마를 뗀 단계지만 그래도 조금씩 '중물'이 들어가고 있음을 느낄 수 있다. 몇 년 후 강원을 졸업하는 날, 나와 도반들은 얼마나 많이 달라져 있을까. 앞으로의 강원 생활이 기대된다.

먼지 뽀얀 경판을 손에 들고

진원

인경(印經, 대장경판 인쇄 작업)을 해보고 싶은 사람을 모집한다기에 가장 먼저 손을 들었다. 명색이 법보종찰에 몸담고 살면서 대장경 한번 만져봐야지 하는 생각이었다. 학인 전원이 참여할 테지만 먼저 지원한 사람에게 우선권을 주겠다고 했다. '우선권'이라는 세 글자에 잔뜩 기대에 부풀었는데, 어찌된 영문인지 첫째 날 장경판전에서 경판을 꺼내는 울력 명단의 제일 윗줄에 내 이름이 적혀 있었다. 학감스님에게 전화를 드렸더니 인경 작업보다 그게 더 귀한 기회라는 답이 돌아왔다. 이해가 안 됐다. 가뜩이나 날도 추운데….

장경판전에 올라갔다. 함께 울력 명단에 이름이 오른 1, 2학년 스님들이 손에 입김을 불며 서 있었다. 경판 담을 상자에 테이프를 두르는 일을 돕고 있는데 안쪽에서 학감스님 목소리가 들렸다. "누가 좋지? 키 큰 사람이 좋을 텐데. 아, 진원 스님 불러와 봐요." 경판이 가득 꽂힌 책장 사이로 난 통로를 따라가니 국장스님들과 학예사분들이 책장 꼭대기에서 경판을 내릴 준비를 하고 있었다. 그리고 나한테도 사다리를 타고 올라가 경판을 꺼내라는 것이었다. 나는 2미터 높이에만 올라가도 다리가 후들거리는 사람인데? 대꾸할 겨를도 없이 분위기에 압도되어 사다리에 올랐다. 족히 3미터는 되어 보였다. 후.

　내 역할은 책장에서 경판을 꺼내 옆에 있는 대장경연구원 학예사에게 전달하는 것이었다. 먼지가 가득 내려앉은 고풍스러운 경판을 꺼내 들자 손끝으로 800년의 세월이 느껴지는 듯했다. 그러나 높은 곳에 있다는 두려움, 오래되고 귀한 유물을 손에 들었다는 긴장감, 실수해서 경판을 떨어뜨리기라도 하는 날에는 사달이 날 거라는 공포가 한데 뭉쳐서인지 겉보기에 어딘가 영 어설펐나 보다. 가만히 지켜보던 총무국장스님이 한마디 하셨다. "진원 스님, 고소공포증 있는 것 같은데?"

　결국 나를 대신해 1학년 스님이 올라갔다. 나는 그 밑에서 경판을 받아 먼지를 터는 학예사에게 전달하는 일을 맡았다. 땅에 두 발을 디뎠다는 안도감과 함께 아주 잠시지만 진짜 경판을 손에 들어봤다는 기쁨과 경외감으로 가슴이 벅차올랐다. 팔만대장경이 무엇인가? 고려 시대 나라와 국민의 안녕을 발원하며 만든 대한민국 최고의 문화재가 아니던가. 경판을 손에 쥔 순간 나는 시공을 초월해 800년 전 사람들과 맞닿아 있었다.

　사실 나는 초기불교 경전과 수행법을 접한 인연으로 출

가를 했다. 자연히 초기불교에 대한 애정이 컸고, 부처님 열반 이후 수많은 풍랑과 격변을 거치며 불교가 그 모습을 달리할 수밖에 없었던 것에 대한 모종의 서글픔과 아쉬움을 안고 있었다. 그런 나에게 경판은 이렇게 말하는 듯했다. '불교는 이 땅에 처음 전래된 때부터 이미 대승이었다.' 이 땅에 대승불교가 뿌리내린 지 이미 오래다. 그 전통 역시 존중받아 마땅하다. 800년 전 경판을 만든 이들이 얼마나 절박한 심정으로 한 자 한 자를 새겼을까. 그 앞에서 나는 무슨 말을 할 수 있을까. 뽀얀 먼지를 뒤집어쓴 경판을 눈앞에 두고 나는 숙연해졌다.

음식을 만드는 보람

승목

나이 들어 뒤늦게 출가해서 해인사승가대학에 들어왔다. 나이가 있다 보니 상대적으로 배우는 속도도 느리고, 뚱뚱한 몸매에 건강도 안 좋은 편이어서 다른 스님들과 잘 지낼 수 있을지 걱정이 많았다. 괜히 나 때문에 다른 사람이 불편을 겪지나 않을까 싶었다. 한창 젊을 때라면 모를까 이제 와서 공부하겠다고 마음을 낸 것이 괜한 오기는 아닌지, 과연 무사히 강원을 졸업할 수나 있을지 스스로도 확신이 없었다.

강원에 들어와 생활하는 와중에도 늘 마음 한구석에 그런 미안함이 있었다. 실제로 도반스님들의 도움을 받는 경우가 많았고 그에 반해 내가 해줄 수 있는 것은 거의 없었기 때문이다. 뭐라도 해주고 싶었다. 궁리 끝에 다각(茶角)장 소임을 맡아 강원스님들을 위해 음식을 만들어주기로 했다. 별 볼일 없는 솜씨지만 사회생활하면서 요리 실력을 좀 쌓아둔 까닭이다.

막상 음식을 만들려고 하니까 심장이 쿵쿵 뛰며 긴장되었다. '잘 만들 수 있을까?' '맛이 없으면 어떻게 하지?' 작은 것 하나를 만들 때도 걱정이 태산이었다. 하지만 우려와 달리 매번 도반스님들은 맛있게 잘 먹었다며 응원과 칭찬의 말을 해주었다. 그 덕에 조금씩 자신감이 생겼다. 다음번에는 어떤 음식을 만들어줄까? 무엇을 해주면 좋아들 할까? 메뉴를 고민하는 게 즐거운 일과가 되었다.

강원에 와서 배운 게 무어냐 묻는다면 한둘이 아닐 것이다. 하지만 마음속 깊이 가장 뜻깊은 배움이었다고 느끼는 것은 다름 아닌 누군가를 위해 일하는 것의 즐거움과 보람이다. 순수한 마음으로 누군가의 행복을 위해 산다는 것이 얼마나 기쁜 일인지 알았다. 부처님 가르침을 배우고 실천하는 불제자로서 졸업하는 그날까지 최선을 다해 살 것이다. 그리고 아주 사소한 일일지라도 누군가에게 도움이 되고 싶다. 늘 많은 이해와 배려로 강원생활에 도움을 준 여러 스님에게 감사의 말을 전하고 싶다.

고맙습니다. 앞으로도 잘 부탁합니다.
끝까지 최선을 다하겠습니다.

여기도 사람 사는 곳입니다

승해

산속 절에 살면서 뭐 별다른 일이 있을까. 흔히 이렇게들 생각한다. 하지만 해인사승가대학에 온 지 3년이 조금 지난 지금까지 정말 많은 일이 있었다. 그중 대부분은 생소한 생활환경과 여러 사람이 함께 지내는 단체생활에 적응하는 과정에서 벌어진 에피소드다.

처음 승가대학에 들어오면 하나부터 열까지 대중생활에 필요한 규율과 규칙을 배운다. 청소, 행사, 울력, 수업 준비 등 해야 할 일도 산더미처럼 많다. 새롭게 배우고 해야 할 일이 많은 1학년 스님들은 그래서 더 피곤하다. 혹시 절에서 어떤 스님과 마주쳤는데 굉장히 피곤해 보인다 싶으면 '1학년 스님이구나' 하고 이해하면 된다.

1학년 때 입승스님이 "시간만 나면 자"라고 조언을 해주신 기억이 난다. 나는 그 말을 충실히 따라 진짜 틈만 나면 잤다. 그 덕에 좀 덜 피곤하게 지낼 수 있었는데, 돌아보면 비록 몸은 고단해도 마음만은 가장 편했던 시절이었던 것 같다. 잡념 없이 소임만 열심히 하면 됐으니 말이다. 그때는 학년이 올라가면 좀 나아지겠지 하며 어서 시간이 흐르길 바랐는데, 막상 2학년이 되고 보니 신경 쓸 일이 더 많아졌다. 위에서 누르고 아래서 치고 올라오고…. 샌드위치처럼 양쪽에서 압박을 느낀다.

　2학년 생활 중에 가장 힘든 일은 뭐니 뭐니 해도 1학년 스님들을 습의하는 일이다. 습의란 쉽게 말해 절에서 대중 생활을 할 때 필요한 모든 것을 배우고 익히도록 알려주는 걸 말한다. 습의를 하다 보면 배우는 사람과 가르치는 사람 사이에 묘한 기 싸움이 벌어지기도 한다. 아무래도 바깥 생활과 대중생활 간에 차이가 있기 때문인데, 배우는 입장에서는 이해가 안 되는 부분이 있고 불만이 생길 수 있다. 반대로 가르치는 입장에서는 배우는 사람이 잘 따라오지 않거나 받아들이지 못하면 스트레스를 받는다.

　내가 습의를 하면서 느낀 점 중 하나는 1학년 스님들에게 잘해줘도 본전이라는 것. 그들에게는 그게 기준점이다. 거기서 더 잘해주면 +10점, 조금만 못 해주면 −10점이다. 좋은 점보다 단점을 보는 데 익숙하고 본능적으로 불편한 생활에서 벗어나 편하게 사는 법을 찾으려 하기 때문이다. 윗반스님이라고 해서 문제가 없는 것은 아니다. 습의를 가르치는 스님에게는 비교하는 버릇이 있다. 소위 말하는 '라떼(나 때는 말이야)'다. 나 때는 이랬는데 거기에 비하면 지금 얼마나 편한지 모른다, 그걸 모르고 시키는 대로 따라주질 않는다며 넋두리한다.

어쩌면 이런 일은 여러 사람이 모인 공동체 생활에서 나타나는 불가피한 현상일지 모른다. 상황은 조금씩 다르지만 군대, 학교, 직장, 심지어 가정에서도 비슷한 일이 벌어진다. 어딜 가나 좋아하는 사람, 미워하는 사람, 편한 사람, 불편한 사람이 있기 마련이다. 절이라고 해서 다를 바 없다. 어떻게 하면 이 문제를 해결할 수 있을까? 서로 상처받고 갈등하는 일 없이 화합할 수 있을까? 답은 각자의 내면, 마음에 달려 있다. 나와 다른 생각과 관점을 가진 상대방을 배려하고 이해하는 데서 해결의 실마리가 생기지 않을까.

한번은 이런 일이 있었다. 동안거를 시작하면서 내가 2학년 반장 소임을 맡게 되었다. 새롭게 시작하는 마음으로 잘 지내보려고 했는데, 며칠 안 가 우리 반 전원이 조사전에서 열심히 절을 하게 되었다. 참회의 절이었다. 이유는 도반 스님 중 한 명이 택배로 물건을 주문했는데 거기에 필요하지 않은 물품이 들어 있었기 때문이다. 그날 낮 12시 30분부터 오후 4시 30분까지 절을 했다. 예정된 시간이 가까워질 때쯤 '이제 조금만 더 하면 되겠지' 하고 속으로 안심하고 있었는데 예상치 못한 일이 벌어졌다. 2학년 지대방을 둘러보고 실

망스러운 점을 발견한 학감스님으로부터 당분간 예불과 공양, 도량 청소 시간을 제외하고는 조사전에서 절을 하라는 지시가 떨어진 것이다.

하루 중 대부분 시간을 절하며 보내면서 사람의 마음이란 게 상황에 따라 얼마나 쉽게 달라질 수 있는지 알게 되었다. 이전에는 귀찮고 불편했던 도량 청소, 발우공양, 울력이 그렇게 즐거울 수 없었다. 그 시간에는 절을 하지 않아도 됐기 때문이다. 반대로 자유시간은 더 이상 자유롭지 않았다. 이 경험을 통해 좋아하고 싫어하는 대상이란 정해진 게 아니라 현재 자신이 처한 상황에 따라 얼마든지 달라질 수 있음을 몸소 깨달았다.

"마음에 따라 형편이 바뀌는 것은 성인이나 현인이고, 형편에 따라 마음이 바뀌는 것은 평범한 사람이다." 대만의 성엄선사(聖嚴禪師, 1930-2009) 말씀이다. 나는 대중생활을 하면서 이 말을 여러 번 되뇌곤 한다. 뜻대로 일이 풀리지 않을 때, 누군가 때문에 기분이 좋지 않거나 반대로 내가 누군가에게 불편한 말을 했을 때, 부족한 자신을 반성하면서 스스로의 허물을 보고자 노력하고 있다. 그것이 부처님이 가르친 바른 공부이기 때문이다. 아직은 형편에 따라 마음이 움직이는 경우가 많아 범부에 가깝지만 배움이 늘고 수행이 쌓이면 언젠가 부처님 같은 마음을 낼 수 있지 않을까 한다.

혹시 하는 마음에 승가대학 생활에 관해 짧게 덧붙인다. 절 생활이 마냥 힘들기만 한 게 아니라 즐거운 일도 많다. 이를테면 매해 동지가 되면 아랫반과 윗반 스님들이 오순도순 모여 앉아 새알심을 만들기도 하고, 함께 공부하고 토론하면서 배움을 넓혀가는 재미도 있다. 그러니 오해하지 마시길. 여기도 사람 사는 곳이다. 희로애락이 공존한다는 점에는 속세와 출가생활에 차이가 없다. 다만 어디서 살든 어떤 마음가짐으로 사느냐가 중요하다. "이것이 있으므로 저것이 있고, 이것이 없으므로 저것이 없다. 이것이 생겨나므로 저것이 생겨나고, 이것이 멸하므로 저것이 멸한다." 나는 부처님의 이 가르침을 내 방식대로 이렇게 풀이해본다.

> 원하는 것이 있으므로 원하지 않는 것이 있고, 원하는 것이 없으므로 원하지 않는 것이 없다. 원하는 것이 생겨나므로 원하지 않는 것이 생겨나고, 원하는 것이 멸하므로 원하지 않는 것이 멸한다.

어리석은 자여, 잠에 빠지지 말라

성원

가야산 해인사에 도착한 바로 다음 날 삭발식이 진행되었다. 설렘 반 걱정 반으로 시작한 산중생활, 주변에 좋은 분들께서 잘해주신 덕분에 빠르게 적응할 수 있었다. 나의 주된 소임은 공양간 일을 도맡아 하는 것이었다. 행사가 있는 날에는 과일 준비부터 퇴공(退供, 부처님 전에 올린 공양물을 물리는 소임) 그리고 뒷정리까지 할 일이 이만저만 많은 게 아니었다. 실제로 사미 수계 교육을 받을 때 해인사에서 왔다고 하니 "그동안 고생 많았지?"라는 말을 들을 정도였다. 얼마나 일이 많았는지 짐작이 갈 것이다. 그래도 나에겐 그 모든 게 새롭고 흥미로웠다. 무엇보다 행자생활을 같이한 도반들과 마음이 맞아 서로 의지가 많이 되었다.

행자 시절에는 신심이 넘쳐서 빠짐없이 절을 하고 간경을 했다. 도반들과 요가, 운동, 산행, 암자 순례도 했다. 혼자였다면 외롭고 하기 싫었을 일들인데 도반들과 함께하면서 지속할 수 있는 힘을 얻었다. 대중생활의 중요성을 알게 된 계기였다. 그때 마음이 왜 그렇게 행복했던지, 초발심자로서 신심이 드높았던 시절이라 그랬을 것이다. 어느 날 한 스님이 말하길 "수계받은 뒤에 스님이 되면 공양을 주는 입장에서 받는 입장으로 바뀌게 되는데, 평생 받을 공양의 양이 행자 시절에 쌓은 공덕으로 정해진다"고 했다. 그 말을 전적으로 믿은 건 아니지만 스님이 되면 잘하고 싶은 마음이 컸기에 힘들 때마다 '좋은 스님이 되려면 많은 공덕을 쌓아야 한다'고 스스로 되뇌며 하루하루 긍정적인 마음으로 행복하게 지냈다.

그 마음은 오래가지 못했다. 강원에 입방하고 체력이 예전 같지 않음을 느꼈다. 2학년 가을 산철부터 의욕이 떨어지더니 급기야 동안거 기간에는 예전 모습이 온데간데없이 전혀 다른 사람이 되어버렸다. 적극적인 자세에서 수동적으로 바뀌어버렸다. 따로 시간을 내 부처님께 기도드리는 일은 손에 꼽을 만큼 횟수가 줄었고, 뭐 하나 하더라도 진지하게 임하지 않고 작심삼일로 끝나는 경우가 많았다. 심각했던 건 소임이나 사중 행사를 마치고 나서 습관처럼 피곤하다는 핑계를 대며 나태하게 잠자는 시간이 늘었던 것이다.

더는 이런 식으로 지내면 안 될 것 같아서 초발심이 흔들릴 때마다 샨티데바의 《입보살행론》 말씀을 되새겼다. "사람이라는 배에 의지해서 고통의 큰 바다를 건너야 하는데 이 배는 다시 얻기가 어려우니 어리석은 자여, 기회가 있을 때 잠에 빠지지 말라." 이번 생이 지나면 다시 인간의 몸을 받기

힘드니, 인간의 몸일 때 차안의 큰 바다를 건너 피안으로 넘어가야지 한가롭게 잠을 자고 있을 때가 아니라는 경책이다. 이유야 어쨌든 나태했던 자신이 부끄러워 부처님께 면목이 없다. 뒤늦게라도 알았으니 다행이라면 다행이다. 참회의 의미로 요즘 공부하고 있는 내용 중 가슴에 와닿는 선지식의 말씀을 되새겨본다. 나처럼 무기력에 빠져 다시 마음을 가다듬을 필요가 있는 분들께 조금이나마 도움이 되면 좋겠다.

《파사도론(破四倒论)》에서 말하길 "이곳 사람들의 수명은 가장 길어도 백 년 정도이니, 그중에 처음은 유년기로 끝은 노년기로 의미 없이 보내며 잠과 병 등으로 그 시간이 없으니 모든 희망이 부서지네. 안락한 사람 중에서 사람으로서 도리의 생이 얼마만큼 남았는가?"라고 했다. 또 티베트 불교의 예쎄 도르제 스님은 "60년 동안 먹고 마시고 잠자고 병들어 아픈 시간을 제외한다면 실제로 법을 행할 수 있는 시간은 5년도 채 되지 않는다"라고 말씀하셨다. 열심히 공부해서 법을 펼칠 시간도 부족한데, 즉 상구보리(上求菩提) 하화중생(下化衆生)할 시간도 부족한데 여유롭게 허송세월 보낼 시간이 있느냐는 일침이다.

다시 한번 초발심을 다잡는다. 바쁘게 흘러가는 일상에

빠져서 초발심을 놓치는 일이 없도록 속도를 줄이고 주변을 돌아보려 한다. 초발심은 처음 마음공부에 뜻을 세우는 일이다. 수행자는 어떠한 경계에서도 이 마음을 꾸준히 지속해야 도를 이룰 수 있다고 한다. 이 글을 읽는 누구든 초발심에서 멀어진 것 같다면, 잠시나마 자신을 돌아보는 시간을 가졌으면 좋겠다.

나를 설레게 하는 요즘 강원생활

보성

강원에 들어오기 직전에 은사스님과 공양을 하면서 강원에 대해 들었다. 강원은 스님을 양성하는 전문 교육기관으로 4년간 단체생활을 하는 곳이라고 했다. 그러면서 예전 은사스님이 강원에 다니던 시절 이야기를 들려주셨는데, 그 얘길 듣고 나니 기대보다 걱정이 앞섰다. 지금은 훨씬 좋아졌을 거라는 말씀이 그나마 작은 위로가 돼주었다.

은사스님 말씀을 듣고 어느 강원으로 갈지, 강원에 갈 때 뭘 준비해야 할지 등을 고민하며 지내다 보니 어느새 시간이 다가왔다. 떠나기 전날 밤, 은사스님이 강원에 대해 말씀해주신 내용을 되짚으며 '요즘 강원은 어떨까?' '나의 도반이 될 스님은 몇 명이나 될까?' 하는 생각에 빠져 잠을 이루지 못했다. 설렘 반 기대 반으로 밤을 보내고 법당으로 가 새벽예불과 사시예불까지 마치고 짐을 챙겼다. 차 안에서 잠시 눈을 붙인다는 게 그만 잠이 들어서 정신을 차렸을 땐 이미 해인사 원주실 앞이었다.

강원 입구 계단 앞에 짐을 내리고 은사스님과 작별 인사를 나눈 뒤 관음전 근처 방에 짐을 풀었다. 먼저 와 있는 스님들을 만나기 위해 북카페로 갔더니 10여 명 정도가 모여 있었다. 4년간 함께할 도반들과 반갑게 인사를 나누고 다 같이 해인사를 둘러보았다. 3일이 지나서야 우리는 관음전으로 짐을 옮겼다. 첫날에는 스치듯 보았던 탓인지 별로 기억에 남는 게 없었는데, 오늘부터 당장 살 곳으로 눈앞에 마주하니 느낌이 사뭇 달랐다. 생활관은 대방 안쪽에 있었다. 2층으로 이뤄진 공간으로 아래층에는 컴퓨터 2대와 자그마한 방이 있고, 위층에는 큰 방 하나와 창고 같은 공간, 여러 개의 사물함이 놓여 있었다. 어려서부터 다락방에 대한 로망이 있었던 나는 2층을 둘러보며 잠시 감상에 젖었다. 조금은 여유롭게 짐을 풀고 필요한 생필품을 받아 정리하면서 강원에서의 첫날을 보냈다.

관음전에 들어온 지 3일째 되는 날, 1년이 지난 지금까지 기억이 날 만큼 큰일이 있었다. 도서관 울력이었다. 윗반 스님들이 말하길 원래 이 정도 규모의 울력은 잘 없는 편이라고, 강원은 울력 자체를 많이 하지 않는 곳이라고 했다. 돌아보면 정말 그랬다. 그만큼 도서관 울력은 큰일이었고 드문 일이었다. 작업은 단순했다. 만월당 아래쪽 방에 있는 책을 보경당으로 옮기면 됐다. 그런데 책이 얼마나 많은지 커다란 책장 스무 개를 가득 채우고도 넘칠 정도였다. 작업을 마치는 데 꼬박 이틀이 걸렸다. 남은 건 근육통이었다.

본격적인 수업이 시작되던 날 교과목에 조금 놀랐다. 불교 외에도 배워야 할 게 많았는데 개중에 외국어도 있었다. 영어는 필수과목이고 일본어와 중국어는 선택과목이었다. 강원에 들어오기 전 가장 큰 걱정 중 하나가, 이전에 불교에 관해 제대로 공부한 적이 없어서 수업 시간에 다른 도반들을 잘 따라갈 수 있을까 하는 것이었다. 하물며 외국어까지 더해졌으니 근심이 한 움큼 더 늘었다. 다행히 수업은 초심자도 충분히 따라갈 만한 수준이었고, 어려움이 생기면 도반들과 윗반스님들이 나서 적극적으로 도와주어서 큰 어려움 없이 공부할 수 있었다. 걱정이 무색할 만큼 넘치는 친절 속에 편안하게 한 달을 보내고 봄 산철 지나 방학을 맞았다.

　　방학이 있다는 소리를 듣지 못했던 나는 은사스님 절에 다시 가려면 4년, 적어도 1년 이상은 걸릴 거라고 예상했다. 한 달 만에 자유시간을 받으니 살짝 당황스러웠지만 덕분에 즐겁게 은사스님 절에서 일주일을 보내고 돌아왔다. 그리고 3개월간의 하안거가 시작되었다. 하안거에 들면서 나는 다각과 고두(鼓頭) 소임을 맡았다. 다각은 외부에서 들어온 보시를 각 반에 분배하는 일이고, 고두는 북·종·목어·운판 등 불전의 사물을 다루는 일이다. 다들 고두 소임이 힘든 소임이라고 걱정했지만 의외로 할 만해서 시간이 지날수록 새로운 동작을 익히고 실력이 느는 게 느껴져 재미있었다.

하안거 기간에는 봄 산철에 배우던 수업을 이어서 공부했는데 약간의 변화가 있었다. 첫째 예불 시간이 달라졌고, 둘째 목청을 틔우기 위해 아주 큰 목소리로 경전을 읽는 간경(看經)이 추가되었다. 발우공양도 추가되었다. 이전에는 공양간에서 밥을 먹었지만 하안거 기간에는 사시예불 후 관음전 대방에서 개인 발우로 공양을 했다. 발우공양 자체는 힘들지 않았지만 공양을 준비하는 데 드는 시간, 공양 과정에서 실수를 하면 습의를 해야 했기에 일과 중에 쉴 시간이 줄었다는 점이 힘들었다. 매일 발우공양이 끝나면 실수한 점을 지적하는 시간을 가졌는데, 아마도 많은 스님에게 하루 중 이때가 가장 간절한 시간이었을 것이다.

하안거 중 또 하나 특별했던 경험은 토론대회였다. 두 가지 주제를 가지고 서로 다른 의견을 제시하면서 토론하는 시합이었다. 주제부터가 상당히 낯설고 독특했기에 사전에 공부하느라 정신없이 시간을 보냈다. 나름대로 열심히 준비한다고 해서 참가했지만 총 세 번의 토론에서 한 번도 승리하지 못했다. 이른바 '광탈(광속 탈락)'을 하고 나서 상위 팀들의 토론을 경청하는데, 아쉽기도 하면서 다른 스님들이 새삼 대단해 보이기도 했다.

　　토론대회 결승전이 끝나고 해제일이 다가왔다. 마지막으로 각 분야의 전문가와 교수님을 초청해 특강이 열렸고 이후 하안거는 끝이 났다. 어떻게 지나갔는지 모를 만큼 정신없이 보낸 3개월이었다. 그사이 많은 일이 있었고 마냥 즐겁기만 한 시간은 아니었지만 내 안에 많은 기쁨이 남았다. 다가올 동안거는 또 어떨까. 다시 설렘 반 걱정 반으로 그 시간을 기다려본다.

기준은 붓다 웨이, 표현은 마이 웨이

해종

하안거가 중반을 지날 무렵, 우리 유튜브팀에게 조계종 출가 UCC 대회에 출품할 동영상을 만들라는 공지가 내려왔다. '몸도 마음도 바쁜 시기에 이게 무슨 귀찮은 일이람.' 속에서 한숨이 나왔다. 하지만 씩씩한 해인사승가대학 1학년답게, 나는 팀원들과 장비를 챙기고 콘셉트를 구상해 동영상을 만들기 시작했다.

내가 영상을 만들기 시작한 것은 해인사승가대학에 들어와서다. 유튜브로 영상을 보기만 했지 직접 만들겠다고 생각한 적은 없었다. 원래 새로운 일에 도전하는 걸 좋아하지 않는 성격이었다. 음식도 먹던 것만 먹고 음악도 듣던 것만 들었다. 사회생활할 때 한 직장에 오랫동안 머문 것도 그런 이유 때문인지 모른다. 왜 이런 성향이 생겼을까? 새로운 도전을 할 때 느끼는 두려움, 반작용으로 나타나는 게으름, 후회나 아쉬움 등 마음의 변화를 겪는 걸 싫어하기 때문이다. 이런 성격 탓에 손해 보는 일도 많았지만 '내가 그렇지 뭐' 하고 넘겨버리곤 했다.

출가하면서 안 좋은 습관을 하나하나 지우고 좋은 습관을 기르리라 발원했다. 일환으로 유튜브팀에 당차게 도전했다. 하지만 얼마 못 가 그 결정이 얼마나 무모한 도전이었는지 깨달았다. 승가대학 생활은 매일이 도전이었다. 밥 먹는 것부터 걸음걸이까지, 새롭지 않은 게 없었다. 그것만도 벅찬데 부족한 시간을 쪼개서 영상 작업을 한다는 게 엄두가 안 났다. 미루고 미루고 또 미루다가 주변의 압박으로 처음 편집을 하게 된 것이다.

인터넷을 뒤져가며 영상을 자르고 붙이고 각종 영상 효과와 자막 입히는 작업을 했다. 해보니 꽤 재미있어서 점점 영상 편집에 빠져들었다. 같은 영상이라도 자막, 화면 배치, 음악을 어떻게 활용하느냐에 따라 전혀 다른 분위기를 연출할 수 있다. 엄숙한 새벽예불 영상에 재즈 음악을 넣으면 화면 속 스님들의 동작이 여유로운 유럽의 전통 의식이 되고, 3,000배를 하면서 울상인 도반들의 표정에 익살스러운 자막을 넣으면 금세 유쾌한 이미지로 변한다. '오직(唯) 마음(識)이 있을 뿐 외부세계의 대상(境)은 없다(無)'라는 유식무경(唯識無境)의 말처럼 내 마음에 따라 화면 속 세상은 다채로운 모습으로 탈바꿈한다. 평소 무뚝뚝하고 말주변이 없는 나에게 유튜브 영상 작업은 조용히 세상을 나만의 색으로 칠하는 마음의 스케치와 같다.

출가 동영상을 제작하면서 출가 후 달라지고 성장했을

도반들의 모습을 표현하고 싶었다. 혹은 바쁜 생활 속에 잠시 잊고 지냈던 것, 출가라는 고귀한 결심을 한 이유를 영상에 담아 보여주고 싶었다. 한 명 한 명 도반들을 인터뷰하고 평소 무심코 지나쳤던 해인사의 아름다운 풍경을 영상에 담았다. 편집실에 앉아 화면에 담긴 스님들의 당찬 얼굴을 바라보고 있자니 내 안에서 무언가가 샘솟았다. 지금 걸어가는 이 길이 충분히 가치 있는 길이라는 확신. 나는 삭발한 머리를 매만지며 다시 한번 출가의 의미를 되새겼다.

누군가 나에게 출가란 무엇인지 묻는다면 '나를 바르게 표현하는 길'이라고 답할 것이다. 나를 제대로 표현하려면 두 가지가 필요하다. 먼저 가치관이라고 일컫는 삶의 기준이 있어야 한다. 이것을 가지기 위해서는 옳은 것을 배우고 경험하면서 몸에 익히는 작업이 필요하다. 또한 그것이 이치에 어긋나지 않는지 끊임없이 되짚어야 한다. 나에게는 부처님 가르침이 삶의 기준이고 그것을 익히기 위해 출가한 것이라고 할 수 있다.

두 번째는 가치관을 보여줄 수 있는 도구가 필요하다. 음악가가 독창적인 음악을 만들고 미술가가 개성 있는 그림을 그려내듯 자기만의 색깔로 가치관을 드러내야 한다. 어떤 방식이든 상관없다. 길은 여러 갈래다. 보통 사람들은 스님들이 다 같은 옷을 입고 다 같은 헤어스타일을 하고 있어서 개성이 없다고 여기지만 그렇지 않다. 내가 겪어본 스님들은 하나같이 자기 표현의 귀재들이었다. 요즘 세상에 다양한 영역에서 저만의 방식으로 사람들과 소통하는 스님이 얼마나 많은가. 이를 부정적으로 바라보는 시선도 있지만, 그것이 시대적 흐름에 발맞춰 '부처님 가르침과 행복으로 가는 길'을 전하는 방편이라면 그 길도 정도라고 할 수 있다.

출가 영상을 만들면서, 부처님 가르침을 나만의 방식으로 표현한다는 마음가짐으로 작업했다. 내가 만든 결과물이 출가라는 또 다른 삶을 꿈꾸는 누군가에게 부처님 진리와 조금 더 가까워지는 계기가 되어주길 바란다.

생애 첫 사찰 순례

설호

방학을 맞아 사찰 순례를 다녀왔다. 나는 출가 전에 사찰을 다녀본 적이 없었다. 이참에 사찰 순례를 다녀와야겠다 싶어서 길을 나섰다. 오랜만에 사형스님 얼굴도 보고 안부도 물을 겸 먼저 사형스님이 공부하고 있는 범어사로 향했다.

범어사에 도착하니 저녁때가 다 되었다. 둥둥 울려 퍼지는 북소리를 들으면서 경내를 둘러보는데 어딘가 낯익은 얼굴들이 눈에 들어왔다. 행자생활을 함께한 도반들이었다. 세 스님이 함께 종루에서 사물(四物, 범종·법고·운판·목어)를 치고 있었다. 생각보다 아담했던 대웅전, 반면에 신식 건물로 지어져 넓고 깨끗했던 지장전이 인상 깊었다.

다음 날 사형스님이 운전해준 차를 타고 통도사로 향했다. 우선 주변 암자부터 둘러보기로 했다. 통도사 산내암자 가는 길은 영축산, 백운암, 비로암, 극락암, 반야암이 한 방향이고 자장암, 금수암, 서축암이 같은 방향이었다. 나는 먼저 영축산 남쪽의 서운암으로 갔다. 서운암은 방문객이 많았다. 서운암의 수많은 장독대와 무수한 도자(陶瓷)대장경을 구경하고서 차례로 옥련암, 백련암, 사명암을 거쳐 자장암에 도착했다.

계단을 발판 삼아 절벽을 타듯 올라간 자장암은 뒤쪽에

조그만 산이 자리해 있고, 터가 좁아 전각이 길게 배치되어 있었다. 자장암은 자장율사가 수행한 곳으로 유명하다. 작은 산턱에 삼층석탑이 서 있고 암자 앞쪽으로 법당과 부처님 그림, 마애불이 자리해 있었다. 법당 뒤쪽으로 돌아가면 암벽이 하나 있는데, 전설에 따르면 자장율사가 손가락으로 구멍을 내었고 거기에 조그만 금개구리 한 마리가 살고 있다고 한다. 이른바 금와보살이다. 신심 깊은 불자가 구멍을 들여다보면 개구리가 나와 환영해준다고 하는데 수행이 부족해서인지 나는 보지 못했다. 앞으로 더욱 열심히 정진해야겠다는 다짐을 하게 됐다.

자장암에 이어 운치 가득한 극락암, 월하 스님이 지은 시원하게 탁 트인 서축암, 신식 사찰 반야암까지 내리 돌아보고 내려왔다. 암자들이 저마다 특색을 지니고 있는 것이 신기하고 구경하는 즐거움이 있었다. 다만 시간이 부족해서 영축산 가는 길에 있는 백운암을 다녀오지 못한 것이 못내 아쉬웠다.

통도사에 내려와서는 금강계단과 박물관을 둘러보았다. 워낙 큰절이고 이름난 절이다 보니 경내가 잘 관리되어 있고 방문객도 상당히 많았다. 넓은 도량을 가꾸고 보전하기 위해 얼마나 많은 이들의 수고가 있었을까 생각하니, 부처님 모시고 사는 불제자로서 정성과 노력을 다해 절을 가꾸고 보존하는 일의 중요성을 새삼 느낄 수 있었다.

우리나라 문화재 가운데 70%가량이 불교 문화재라고 한다. 오랫동안 불교가 국교였기에 가능한 일이기도 하지만 또한 많은 사부대중의 원력이 깃들어 있어서 지금껏 유지되어 온 것이 아닌가 싶다. 흔히 사찰을 세우고 가꾸는 일을 불사(佛事)라고 한다. 불사는 스스로 돋보이거나 공덕을 얻기 위한 일이 아니다. 부처님과 부처님의 가르침을 위한 일이다. 사찰 불사에서 중요한 건 돈이 아닌 불사하는 사람의 마음이다. 부처님에 대한 무한한 사랑과 존경, 그분을 닮고야 말겠다는 지극한 서원이 불사의 참 의미요 필수조건이다.

한없이 고결한 마음이 담긴 불사의 현장, 수많은 원력이 담긴 사찰은 언제 보아도 아름답고 경이롭기 그지없다. 중생의 무명을 일깨워 고통 없는 행복의 길을 열어주시는 부처님의 커다란 울림을 나 또한 닮아가야겠다.

3부

꼭 해주고
싶은 말이
있습니다

은혜 갚음에 대하여

법유

요즘 나는 법당 종두(鐘頭, 종을 치는 역할) 소임을 맡아서 새벽에 도량석을 치고 종송(鐘頌)을 하고 있다. 그 가운데 이런 구절이 나온다.

오종대은명심불망(五種大恩銘心不忘)
각안기소국왕지은(各安其所國王之恩)
생양구로부모지은(生養劬勞父母之恩)
유통정법사장지은(流通正法師長之恩)
사사공양단월지은(四事供養檀越之恩)
탁마상성붕우지은(琢磨相成朋友之恩)
당가위보유차염불(當可爲報唯此念佛)

풀이하면 이렇다.

명심하여 잊지 말아야 할 다섯 가지 큰 은혜가 있다.
나라 백성을 편안하게 다스리는 국가 은혜
낳고 기른 노고 속에 하늘 같은 부모 은혜
참되어라 바르거라 정법유통 스승 은혜
의식주를 보시하여 살펴주는 시주 은혜

갈고닦아 이끌어 성공시킨 도반 은혜
이 은혜를 갚기 위해 염불 발원하옵니다.

살면서 우리는 많은 은혜를 입는다. 가족, 친구, 이웃은 물론
생판 얼굴 모르는 사람들에게 도움을 받기도 한다. 늦은 나
이에 출가한 나는 누구보다 많은 은혜를 입었고 여전히 은혜
받는 삶을 살아가고 있다. 인생의 진리를 배우고 익힐 수 있
게 법을 설해주신 부처님, 고등학생 시절 불교의 교리와 참
선하는 법을 알려주셨던 교학 선생님, 고등학교 선배이자 내
가 해인사로 출가할 수 있게 도움을 주셨던 군법사님, 늦깎
이 출가자를 흔쾌히 상좌로 받아주신 은사스님, 출가의 뜻을
이해하고 받아준 가족들, 부족한 나를 이끌고 채찍질해주는
선배스님들, 그리고 함께 정진하는 도반들의 은혜를 잊지 않
으려고 노력한다. 이들에게 조금이라도 보답하고자 열심히
공부하고 있다.

　　누구보다 내가 큰 은혜를 입은 사람은 다름 아닌 어머
니다. 지금도 눈 감고 생각하면 가슴이 뭉클할 만큼 어머니
는 내게 아낌없는 사랑을 베푸셨다. 지독한 유교 집안에서
태어나 조부와 외조부가 서당 동문이었다는 이유로 18세에

얼굴도 모르는 아버지와 결혼한 어머니는 나이 마흔에 늦둥이 막내인 나를 낳아 정성껏 기르셨다. 어릴 때 나는 인스턴트 과자를 먹어본 기억이 없다. 어머니가 유과나 한과를 손수 만들어 먹이셨기 때문이다. 내가 어른이 된 후에도 어머니는 불편한 몸을 이끌고 손수 텃밭에서 상추며 마늘, 땅콩, 고구마 등 농작물을 길러 보내주셨다. 세상을 떠나기 다섯 달 전까지 밭일을 하셨다. 자녀가 평생 효도해도 부모 은혜를 다 갚지 못한다는 말이 있는데 나는 어머니 은혜에 십 분의 일, 아니 백 분의 일도 보답하지 못했다.

하루는 어머니가 쓰러지셨다는 연락을 받고 급히 차를 몰아 시골에 내려갔다. 팔십 중반의 나이에도 아들 먹일 생각에 텃밭에 나가 농작물을 가꾸다가 쓰러지신 것이다. 내가 도착했을 때 이미 어머니는 구급차에 실려 진주 경상대학교병원 응급실에 가 계셨다. 평소 병원에 가길 꺼리셔서 건강검진 한번 제대로 받으신 적이 없지만, 퇴행성 척추협착증 외에는 특별히 편찮은 곳이 없었던지라 갑자기 쓰러지신 어머니가 크게 걱정이 되었다. 담당 의사가 말하길, 증세로 보아 몇 가지 병이 의심된다고 했다. 정확한 원인을 찾아내기 위해서 혈액검사, 엑스레이, MRI 등 여러 가지 검사가 진행

되었다. 안 그래도 기력이 없는데 며칠에 걸쳐 이런저런 검사를 받느라 더욱 쇠잔해진 어머니를 보며 가슴이 미어지는 듯했다.

검사 결과 척수 쪽에 암이 발견되었다. 어디서부터 암이 전이되었는지 알아야 하고, 또 대장암이 의심된다는 의사 소견에 따라 대장내시경을 받기로 했다. 하지만 어머니는 이미 본인이 적은 나이도 아니고 검사를 받아본들 달라질 게 뭐가 있겠냐며, 단식해야 한다는 의사의 말을 듣지 않고 검사 당일 누님이 먹으려고 두었던 바나나를 얼른 집어 드셨다. 상의 끝에 우리 가족은 어머니의 뜻에 따르기로 의견을 모았다. 담당 의사 역시 무리한 항암 치료나 수술은 고통만 더할 거라며 우리 결정을 존중해주었고 약과 진통제를 처방한 후 퇴원을 허락해주었다.

시골 본가에 어머니를 모시고 다시 서울로 올라왔다. 2주쯤 지나 아버지와 전화통화를 하는데 어머니가 일어섰다고 하셨다. 약을 먹고 기운을 차리셨던 것 같다. 그 후 몇 달간 어머니는 당신이 좋아하는 텃밭에서 시간을 보냈다. 나는 휠체어를 사서 틈틈이 어머니를 모시고 여행을 다녔다. 그러나 얼마 못 가 어머니는 다시 쓰러지셨고 호스피스 병원으로

가게 되었다. 하루는 상태가 좋지 않다는 연락을 받고 온 가족이 병원에 모였다. 어머니는 모두에게 작별인사를 건네셨다. 이미 말을 할 수 없는 상태였지만 눈인사로 안녕을 고하셨다. 그런데 기적처럼 상태가 나아져서 당장은 돌아가시지 않겠다는 안심이 들었다. 다들 집으로 돌아가고 홀로 병원에 남아 어머니를 간병했다. 그리고 다음 날 새벽, 어머니는 세상을 떠났다. 짐작건대 힘들어하는 마지막 모습을 가족에게 보이기 싫으셔서 홀로 조용히 가시려 했던 게 아닌가 싶다.

사람이 죽기 전에 마지막까지 살아 있는 감각이 청각이라고 한다. 나는 어머니가 눈 감으시기 전에 이생의 미련이나 인연일랑 다 잊고 편안하게 가시라고 부처님 말씀을 들려드렸다. 반야심경, 무상게, 천수경, 금강경을 반복해서 염송했다. 새벽쯤 문득 얼굴에 평온이 깃들더니 이내 후우 하고 긴 숨을 내뱉으며 어머니는 눈을 감으셨다. 나는 멈추지 않고 염송을 계속했다. 다 내려놓고 가시라고 마음속으로 기원하면서, 이것이 내가 받은 은혜에 대한 보잘것없는 보답이라고 생각하면서.

불교 경전 중에 부모의 은혜에 관해 설명하는 《불설대보부모은중경(佛說大報父母恩重經)》이라는 경전이 있다. 줄여서 '부모은중경'이라고 하는데, 한량없이 크고 깊은 부모의 은혜에 보답할 것을 가르치는 경전이다. 경전에서는 왼쪽 어깨에 아버지를 업고 오른쪽 어깨에 어머니를 업은 채 수미산(須彌山)을 백천 번 돌더라도 두 분의 은혜를 다 갚을 수 없다고 설한다. 이처럼 부모의 은혜는 하늘과 같아서 보답하려면 끝이 없다. 야속한 시간은 빠르게 흘러간다. 그나마 나는 늦게라도 출가해서 부모님 은혜에 보답하는 길을 찾았으니, 불보살님 열심히 섬기고 부처님 가르침을 배워 널리 회향하는 것이 진정으로 어머니의 은혜에 보답하는 길이라고 생각한다.

속세에 어머니가 계셨다면 출가해서는 은사스님과 공양주보살님, 함께하는 도반스님들이 그 역할을 대신하고 있다. 해인사에 온 지 2년이 다 되어가는 지금, 이곳 생활이 익숙해질수록 두려움을 느낀다. 예전에 그랬듯 항상 가까이 있는 사람의 은혜를 생각지 못하고 점점 무감각해져 감을 여기서도 답습하고 있다는 생각 때문이다. 속세에서와 같은 실수를 반복하지 않기 위해서라도 한 치의 방일함 없이 정진해 나가리라. 오늘도 인연 지어진 모든 은혜에 감사한다.

포기할 수 없는 것과 포기해야 할 것

무착

지금 행복한가요? 이 질문에 자신 있게 '네'라고 답할 수 있는 사람이 몇 명이나 될까? 예전에 나는 자신 있게 '행복합니다. 하루하루가 즐겁습니다'라고 말할 수 있었다. 하루하루 즐겁고 재미있게 사는 게 생활 신조였기 때문이다. 그런데 어느 날 이런 생각이 들었다. '혹시 나는 바보인가? 슬프고 힘든 일이 있는데도 뭐가 그리 좋다는 거지? 혼나고 참회하는 중이면서 뭐가 행복해서 웃는 거야?' 어이가 없어도 웃고, 누군가에게 지적을 당해도 웃고, 심지어 아파서 병원에 있으면서도 웃고 있는 나를 보면서 진정성을 의심하게 되었다. 힘들면 짜증이 날 수밖에 없는데도 마냥 웃는 게 내가 봐도 잘 이해가 안 되었기 때문이다.

아직 어려서 그런가 보다, 철이 덜 들어서 그런가 보다, 사회의 쓴맛과 냉정함을 몰라서 그런가 보다 하고 생각할 수도 있지만 아무래도 다른 데 원인이 있는 것 같다. 일종의 생각의 틀이라고 할까. 기본적으로 나는 모든 고난과 역경은 인내로써 넘길 수 있다고 믿는다. 시간이 지나면 모든 문제가 해결될지니, 그 시간을 버티기만 하면 된다는 게 신념이다. 시쳇말로 '존버' 정신이요, 불교의 언어로 말하면 인욕바라밀이다.

내 입으로 말하기 부끄럽지만, 나는 해인사승가대학 최고의 말썽꾸러기다. 나 때문에 한시도 조용할 날이 없다. 만약 학인 중에 가장 많이 혼난 사람이 누구인가 묻는다면 주저 없이 손을 들 것이다. 자랑스러워서가 아니고 지나간 시간을 부끄럽게 여기지 않기 때문에 솔직히 말할 수 있는 것이다. 지난 시간이 아프지 않고 고통스럽지 않았다면 거짓말이다. 다만 그 과정에서 큰 배움을 얻었다. 내가 저지른 잘못이 나를 돌아보고 진짜 나를 알아가는 데 도움을 주었기 때문이다. 그동안 얼마나 성숙하고 자랐는지, 다른 이들의 평가가 어떨지는 알 수 없지만 적어도 스스로는 달라졌다고 자평한다. 애써 왔고, 무엇보다 두 번 다시 같은 실수를 반복하지 않으려고 노력했다.

천설야중거(穿雪野中去)

불수호란행(不須胡亂行)

금조아행적(今朝我行跡)

수작후인정(遂作後人程)

눈 뚫고 들판 길 걸어가노니

어지럽게 함부로 걷지 말라.

오늘 내가 밟고 간 이 발자국이

뒷사람이 밟고 갈 길이 될 테니.

이 시는 백범 김구 선생이 평생의 좌우명으로 삼아 애송했다
는 〈야설(野雪)〉이라는 시다. 흔히 서산대사의 작품으로 알
려져 있지만 실제로는 조선 후기 시인 임연당(臨淵堂) 이양연
(李亮淵, 1771~1853)의 작품이라고 한다. 나는 시를 보고 '아무
런 교훈 없는 행동과 행위는 없다'라고 생각했다. 어떤 사람
은 매일 반복되는 삶을 지루하고 별 볼 일 없다는 듯 여기지
만, 지금 자신이 하는 사소한 행동 하나가 누군가에게는 삶
의 중요한 이정표가 될 수 있음을 안다면 결코 한순간도 함
부로 할 수 없을 것이다. 그래서 나는 일상적인 것, 평범한 것
을 가장 특별한 것으로 여기며 살아간다.

　　다산 정약용 선생이 말하길 '나라를 망하게 하는 것은
외세의 침략이 아니라 내부로부터의 부정과 부패에 의한 민
심의 이반이다'라고 했다. 역시 잘 알려진 말이다. 나는 이 말
을 나름대로 이렇게 해석한다. 사람이 망가지는 것은 나라
가 망하는 것과 같아서 바깥의 힘에 의해서가 아니라 안으로

부터 의지를 잃기 때문이라고. 말하자면 고통은 외부가 아닌 내부에서 기인한다는 것이다. 외적인 고통이 밀려오면 이겨내기 위해 참고 버틸 수 있다. 하지만 정신이 무너지면 바닷물에 모래성이 허물어지듯 걷잡을 수 없다. 출가해서 마음공부를 하는 것도 이런 이유에서다. 마음의 고통을 여의기 위해서. 개인적으로 이제 외적인 고통은 어느 정도 감당할 수 있는 수준이 되었다고 생각한다. 다만 내부로부터의 고통은 말끔히 씻어내지 못하고 있다. 탐심(貪心), 진심(嗔心), 치심(癡心), 삼독심이 올라오는 것을 막기 위해서 앞으로도 정진해야 할 것이다. 들판의 곡식이 비바람을 맞고 자라나듯 나도 숱한 내면의 동요 속에서 매일 단단해지고 자라고 있다.

　　한편으로는 이런 다짐조차 분별심일 수 있다. 노력한다는 말속에는 이분법적 사고가 깔려 있어서 나쁜 것보다 좋은 것을 행한다는 것이 또 다른 종류의 집착일 수 있다는 얘기다. 그런 점에서 우리는 무언가를 얻으려고 노력하기보다 완전히 포기해야 한다. 어떠한 성취도 이루려고 하지 말고 내려놓아야 한다. 노력조차 포기해야 한다. 그럴 때 좋고 나쁨의 극단을 떠날 수 있다. 마음에 상이 없어지고 이래야 한다거나 저래야 한다는 기준이 사라질 때, 비로소 지금 이 순간 있는 그대로 행복할 수 있다.

　말로는 쉽다. 그러나 포기란 게 실로 얼마나 어려운 일인가. 작은 물건 하나를 남에게 내어주기도 쉽지 않다. 엄청난 용기와 결단력이 필요하다. 그래서 내려놓기, 포기를 수행이라 하고 도(道) 닦는 일이라고 하는 것이다. 《맛지마 니까야》〈흔들림 없음에 적합한 길〉 경에서 부처님은 이렇게 말씀하셨다.

> 비구들이여, 감각적 욕망이란 무상하고 허망하고 거짓되고 부질없는 것이다. 비구들이여, 그것은 환영이고 어리석은 자들의 지껄임이다. 현재의 감각적 욕망과 미래의 감각적 욕망, 현재의 감각적 욕망에 대한 인식과 미래의 감각적 욕망에 대한 인식, 이 둘은 마라의 영토이고 마라의 범위이고 마라의 미끼이며 마라의 소유지이다. 이것 때문에 나쁘고 해로운 마음의 상태인 욕심과 악의와 성급함이 일어난다. 이들은 성스러운 제자가 공부할 때 장애가 된다.

비구들이여, 이 경우에 성스러운 제자는 이렇게 숙고한다. '현재의 감각적 욕망과 미래의 감각적 욕망과… 이들은 성스러운 제자가 공부할 때 장애가 된다. 참으로 나는 풍부하고 고귀한 마음으로 세상을 극복하고 굳건한 마음으로 머물리라. 참으로 내가 풍부하고 고귀한 마음으로 세상을 극복하고 굳건한 마음으로 머물 때 나쁘고 해로운 마음의 상태인 욕심과 악의와 성급함이 생기지 못할 것이다. 이들을 제거할 때 나의 마음은 제한 없고 무량하며 잘 계발될 것이다.'

이와 같이 도 닦고 그 [도 닦음]을 많이 행하면서 머물면 그의 마음은 이런 경지에 청정한 믿음을 낼 것이다. 청정한 믿음이 있으면 그는 지금 흔들림 없음을 증득하거나 통찰지로 [해탈하리라는] 확신을 가진다. 몸이 무너져 죽은 뒤 [재생으로] 나아가는 그의 알음알이는 흔들림 없음에 이를 것이다. 비구들

집 떠나 사는 즐거움

이여, 이를 일러 흔들림 없음에 적합한 첫
번째 도 닦음이라 한다.

인생에는 포기할 수 없는 것을 위해 포기해야만 할 것이 있
다. 포기할 수 없는 것은 무엇인가? 진정한 나, 내면(불성), 행
복이다. 포기해야 할 것은 무엇인가? 욕심, 욕망, 겉으로 보
이는 것에 대한 집착이다. 언제 어디서 어떻게 살아가든 이
사실을 명심해야 한다.

타인은 나를 비추는 거울이다

효중

자기 마음에 대해 곰곰이 생각해본 적이 있는가? 불교에서는 마음을 아주 중요하게 여긴다. 마음공부를 하는 종교라고 해도 과언이 아니다. 그런데 이 마음이란 녀석은 아무리 파보아도 끝이 보이지 않는다. 무궁무진하다. 모든 것이 마음에서 비롯된다는 옛말이 괜히 나온 게 아니다.

마음 하면 제일 먼저 '일체유심조(一切唯心造)'를 떠올리는 분이 많을 것이다. 이와 관련해서 원효대사 해골물 일화가 유명한데, 실제 기록은 우리가 아는 이야기와 조금 다르다. 물론 이야기에 담긴 본질은 같다.《송고승전》권4〈의상전〉에 원효대사의 기록이 나온다. 원효 스님과 의상 스님이 함께 당나라로 유학을 떠나던 중 밤이 깊어 동굴에서 하룻밤을 보냈는데, 아침에 일어나 보니 간밤에 잠을 잔 곳은 평범한 동굴이 아니라 무덤이었다. 그러자 어제와는 다른 마음이 들었다. 이런 마음의 변덕을 보고 원효 스님은 '심생즉종종법생(心生則種種法生) 심멸즉감분불이(心滅則龕墳不二)'이라는 게송을 읊었다. 마음이 생기면 일체 현상이 나타나고, 마음이 고요하기만 하면 동굴과 무덤이 서로 다르지 않다는 내용이다.

살다 보면 말 한마디로 상대방을 기분 나쁘게 만들 때

가 있다. 의도와 달리 말을 잘못할 때도 있다. 마음도 마찬가지다. 마음을 잘못 쓰면 상대방에게 상처를 줄 수 있다. 그러면 남에게만 해가 되는 게 아니라 자기 자신에게도 해가 된다. 인과응보의 순리에 따라 남에게 한 악한 행동이 고스란히 자신에게 돌아오기 때문이다. 최소한 자신이 상처를 준 그 사람에게 평생 지울 수 없는 악연으로 기억될 것이다.

우리는 누군가를 볼 때 그 사람의 장점보다 단점을 더 쉽게 파악한다. 그런데 이렇게 생각해볼 수 있다. 내 눈에 더 잘 띈다는 것은 그만큼 나에게 익숙한 것이라는 뜻이다. 즉 누군가의 단점이 눈에 거슬린다면 나에게도 그런 경향이 있을 수 있다는 이야기다. 남의 허물은 곧 나의 허물이다. 내가 싫어하고 감추고 싶어 하는 모습이 남이라는 거울을 통해 비치는 것이다. 이것이 우리가 마음을 좋게 써야 하는 이유다. 옛말에 이르길 유유상종이라고 했다. 사람은 반드시 비슷한 부류끼리 만나게 되어 있다. 주변에 어설픈 이들이 많고 부족한 사람이 많고 마음에 들지 않는 사람만 그득하다고 불평하기 전에, 왜 주변에 그런 사람이 많은지 돌이켜 봐야 한다. 한 무리의 사람 중에서 유독 자신만 잘난 사람일 수 있을까? 높은 확률로 자신도 그들과 다르지 않을 것이다.

그러면 어떻게 해야 좋은 사람을 만날 수 있을까? 원리는 같다. 상대는 나를 비추는 거울이니까, 내가 좋은 사람이 되면 상대도 좋은 사람이 된다. 거울은 우리가 웃으면 웃는 대로 찡그리면 찡그리는 대로 우리 모습을 고스란히 반영한다. 물론 현실에서 내가 하는 대로 상대방이 100% 똑같이 나를 대해주리라 기대하는 건 무리일 수 있다. 아무리 선한 의도라 해도 주어진 환경이나 상황에 따라 받아들이는 입장에서 온전히 그 마음을 이해하지 못할 수도 있기 때문이다.

살면서 자연스럽게 몸에 밴 습관은 쉽게 고치기 어렵다. 스스로 알아차리고 변화를 시도하지 않는 한 불가능에 가깝다. 그런 까닭에 남의 행동을 지적하고 바꾸라고 말하는 건 조심스러워야 한다. 자칫 '너나 잘해'라는 핀잔의 말이 돌아올 수 있기 때문이다. 차라리 스스로 먼저 바뀌는 편이 훨씬 쉽고 가능성 큰 도전이다. 물론 때에 따라 진심 어린 조언이 필요할 때도 있다. 그런 때라도 언제나 자신을 먼저 돌아보고 상대방을 자기 자신 대하듯이 대해야 한다.

부족한 점이 있고 실수를 좀 했다고 해서 매몰차게 자신을 비난하는 사람은 없을 것이다. 다른 사람도 그렇게 대해보면 어떨까. 당장, 1초 만에 나의 선의가 상대방을 바꿀 수는 없을지 모르지만 달라진 게 없다고 느끼는 그 순간에도 상대방은 조금씩 변할 것이다. 내가 전한 따듯하고 밝은 마음의 기운을 양분 삼아서 말이다. 잘해주면 잘해주는 대로, 모질게 하면 모질게 대한 대로, 고스란히 나에게로 돌아오는 삶의 진리를 꼭 기억했으면 한다. 나를 대하듯 상대방을 대하면 그가 곧 내가 된다.

진정한 관계란 무엇인가

일항

관계(關係)란 무엇일까? 사전을 보면 '둘 이상의 사람, 사물, 현상 따위가 서로 관련을 맺거나 관련이 있음'을 말한다. 사전적인 의미로 설명하면 이렇게 간단하지만 실은 그렇게 간단하지 않은 게 현실 속에서 일어나는 관계다.

절에 사는 스님들은 짜인 일정대로 생활하지만 각자의 생활이 완전히 같을 수는 없다. 각각의 소임과 생각에 차이가 있기 때문이다. 사람들은 흔히 '엮였다'라는 말을 쓴다. 이 말은 다시 표현하면 '너에 의해서 관계가 없는 나도 같이 그 일에 휩쓸려버렸다' 정도로 나는 해석하고 싶다. 즉 좋은 쪽이든 나쁜 쪽이든 자신의 의도와는 다르게 일이 흘러갔다는 뜻이다.

문을 열고 안쪽으로 들어갈 때는 문을 닫고 가는 것이 우리가 흔히 아는 상식이다. 그런데 뒤에 누군가 따라오고 있다면 배려하는 마음으로 문을 잡고 기다려주거나 문을 열어둔 채로 가기도 한다. 그러면 뒤에 온 사람은 앞사람에게 감사해하면서 혹시 자기 뒤에도 누군가 따라오고 있지 않은지 확인한 뒤에 문을 닫는다. 이때 뒤에 온 사람은 자기가 의도하지 않았음에도 앞사람과 관계를 맺게 된 것이다. 이렇듯 우리는 일상에서 본인의 의지와는 전혀 상관없이 다른 사람과 관계를 맺으며 살아간다. 그런데 좋은 의도로 행한 행위가 결과적으로 나와 남에게 방해가 되었을 때 그 관계를 어떻게 생각해야 할까?

내가 실제로 겪었던 일이다. 언젠가 여름날 외출하고 돌아올 때 동행한 스님이 말하길 "날씨가 너무 더우니 가게에 들러 아이스크림을 먹고 가자"고 했다. 나는 좋다고 하며 아이스크림을 샀다. 절에 계신 스님들을 생각해서 좀 여유 있게, 종류도 여러 가지를 사서 들어갔다. 기쁜 마음으로 아이스크림을 하나씩 건네는데 한 스님이 이렇게 말씀하셨다. "아, 나는 아이스크림 안 먹는데…. 뭐 한 개 정도는 괜찮겠죠." 평소에 아이스크림을 먹지 않던 그 스님은 내가 보인 정성과 나와의 관계를 생각해서 배려하는 마음으로 아이스크림을 드셨다. 그러곤 탈이 났다. 선방에서만 생활하던 구참 스님이라 찬 음식이 맞지 않는 체질이었던 것이다. 나는 아차 싶었다. 의도한 것은 아니지만 내 기준으로만 판단하여 결과적으로 누군가를 아프게 했기에 미안한 마음이 들었다. 그래도 스님은 허허 웃고 마셨다.

좋은 의도로 행동이나 말을 했지만 받아들이는 상대방이 기분 나빠하거나 안 좋은 상황이 발생하는 경우가 종종 있다. 그럴 때 어떻게 해야 할까? 그런 상황을 두려워한 나머지 처음부터 어떠한 행위도 하지 말아야 할까? 아무런 관계도 짓지 말고 동떨어져서 살아가야 할까? 여기서 내가 생각하는 답을 말하는 건 큰 의미가 없을지도 모른다. 그것 역시 내 기준일 뿐이기 때문이다. 대신 부처님이 몸소 보여주신 행동에서 힌트를 찾을 수 있을 듯하다.

《장아함경》3권 〈유행경〉에 공덕과 자비에 관한 부처님 일화가 나온다. 흔히 '춘다의 마지막 공양'이라고 알려진 내용이다. 대장장이 춘다가 부처님에게 공양을 청한다. 음식을 드신 부처님은 본인 말고는 아무도 이 음식을 먹어서는 안 된다며 남은 음식을 땅에 묻으라고 말씀하신다. 음식이 상했던 것이다. 이 일로 인해 부처님은 식중독에 걸렸고 끝내 열반에 드셨다. 불교사에서 가장 결정적인 장면 중 하나라고 할 수 있는 사건이다.

죽음을 앞둔 절체절명의 순간, 부처님은 자신의 안위보다 춘다가 비난받을 것을 더 염려하셨다. 그래서 말씀하시길 자신이 받은 공양 중에서 최고의 공양이 두 가지 있으니, 하나는 정각을 이루기 전 수자타의 공양이고 다른 하나는 춘다의 마지막 공양이라고 했다. 처음 공양을 올린 수자타나 마지막에 공양을 올린 춘다나 모두 똑같은 공덕이 있다고 말씀하시며 아난에게 춘다를 비난하지 말라고 지시하신다. 이 이야기는 오늘을 살아가는 우리에게 시사하는 바가 크다. 당신이 생각하는 진정한 '관계'란 무엇인가?

상대는 나를 비추는 거울이다.

나를 대하듯 상대방을 대하면

그가 곧 내가 된다.

진짜 여행을 떠나자

진산

밖에 있을 때 나는 특별히 공부를 잘하지도 돈을 많이 벌지도 못했다. 내세울 거라곤 그저 또래보다 이런저런 경험을 많이 해본 것, 잠깐이나마 여행을 다녀본 것뿐이다. 내 인생을 통틀어서 출가 다음으로 잘한 일이라고 여기는 게 바로 여행이다.

출가하기 얼마 전의 일이다. 평소 여기저기 가보고 싶은 곳이 많았지만 상상만 할 뿐 구체적인 계획이 없었는데, 군대를 다녀온 후 본격적으로 여행을 준비하기 시작했다. 이제 나이도 어느 정도 먹었겠다, 시간도 있겠다, 지금이 여행하기 딱 알맞은 시점이라고 생각했다. 지금 생각해보면 망설이지 않고 정말 잘 결정한 일이었다.

남들 다 가는 흔해 빠진 곳은 가기 싫었다. 아직 사람들이 잘 모르는 곳, 한국 사람들은 잘 안 가는 곳, 젊고 건강한 지금이 아니면 가기 힘든 곳을 가보자는 생각이 들었다. 고민 끝에 유럽도 아니요, 미국이나 일본도 아닌 아시아 횡단 계획을 세웠다. 장장 4개월, 약 120일 동안 혼자서 러시아 동쪽 끝 블라디보스토크에서 출발해 몽골을 지나 카자흐스탄, 키르기스스탄, 우즈베키스탄, 인도, 네팔을 지나는 땅길 여행이었다.

여행 자금은 500만 원. 신발과 배낭값부터 집에 돌아오는 항공권까지 전부 포함한 가격이다. 기차 타고, 버스 타고, 걷고, 가끔은 길가에 서서 지나가는 차를 붙잡아 얻어타기도 했다. 다시 돌이켜 봐도 꿈처럼 느껴지는 날들이다. 상상만으로도 심장이 뛴다. 말 한마디 안 통하는 나라들을 4개월 동안 돌아다니면서 얼마나 많은 일이 있었을까. 이루 말할 수 없는 만큼 다양한 경험을 했다. 그때 알았다. '단 몇 개월간의 여행만으로도 몇 권의 책을 쓸 수 있을 만큼 많은 것을 경험하는데, 하물며 한 사람의 인생에서 보고 듣고 느끼는 경험의 크기는 얼마나 크고 넓을까? 인생의 무게란 수백 수천 권의 책을 지닌 도서관일 수밖에 없구나.'

여행하면서 경험한 일을 낱낱이 이야기할 순 없지만 한 가지 분명하게 말할 수 있는 것은 단 하루도 내 뜻대로 되는 날이 없었다는 사실이다. 여행의 시작은 여행을 계획하고 짐을 쌀 때부터다. 두근대는 마음으로 시작한 여행은 준비 단계부터 예상을 빗나갔다. 여행을 하기도 전에 비자 문제가 생겨서 계획을 수정해야 했고, 여행 중에는 말이 통하지 않는 이들과 손짓 발짓을 해가며 소통해야 했다. 종이와 펜을 들고 다니며 그림을 그려 소통하는 것도 흔한 일이었다. 하룻밤에 몇천 원 하는 싸구려 방에서 현지 노동자들과 같이 자면서도 외국인 친구들과 노느라 클럽에서 비싼 칵테일을 몇 잔씩 쏴야 하는 날도 있었다. 현금인출기는 매번 카드를 잡아먹었고, 대사관 직원과의 마찰로 입국하지 못한 나라도 있었다. 변변한 옷도 없이 시베리아의 칼바람을 온몸으로 맞았던 적도 있고, 벽돌 같은 빵 한 개를 여러 조각으로 나눠 끼니를 때우는 날도 많았다. 단 하루도, 정말이지 단 하루도 계획대로 된 날이 없었다.

그럼에도 모든 날이 행복했다. 사기꾼 인도인 집에서 뛰쳐나와 밤거리를 방황한 날도, 대사관의 비협조로 답답했던 날도, 덴마크 친구들만 싣고 떠나버린 시베리아 횡단 열차를 보며 허망했던 날도, 나는 받아들일 준비가 되어 있다. 계획이 어그러져서 다른 길로 접어든 덕에 다른 풍경을 보고 다른 친구들을 만날 수 있으니 이 얼마나 흥미로운가. 배낭에 짓눌려서 살갗이 까지고 허리가 아프지만 계속 걸을 수 있으니 이 얼마나 건강한 몸인가. 버스 지붕에 짐과 함께 실려 가지만 이마저도 탈 수 있으니 이 얼마나 다행인가. 아무도 없는 데서 혼자 길을 잃었으니 얼마나 낭만적인가. 하루도 뜻대로 안 되는 이날들이 얼마나 멋지고 여행다운가.

이 모든 것은 내가 '여행'을 하기로 마음먹었기 때문에 가능했던 일이다.

여행이란 정해진 목적지에 도착해야 의미가 있는 관광이나 휴양과는 다르다. 내가 겪고 있는, 앞으로 겪게 될 모든 일을 받아들이고 즐기고 사랑하는 것이 여행이다. 여행은 떠나기 전 짐 쌀 때의 설렘부터 시작해 길고 긴 이동 시간, 예측할 수 없는 사건들, 간혹 겪는 불행들, 종종 겪는 추위와 배고픔까지 포함하는 말이다. 며칠씩 타야 하는 버스와 기차를 즐길 수 있어야 하고, 예측할 수 없는 사건들에 당황하지 않고 계획을 바꿀 수 있어야 하며, 언제나 행운만큼 따라오는 불행들을 자연스레 맞이하고, 따뜻한 곳에서 자고 좋은 음식을 먹는 날이 있는 만큼 추위에 떨고 배고픈 날 또한 있음을 당연한 것으로 받아들일 줄 아는 것. 이것이 내가 생각하는 진정한 여행이다.

나는 이 모든 순간을 즐길 수 있었기에 남들처럼 최고급 호텔과 레스토랑에 갈 수 없어도 구소련의 낡은 공원 벤치에 앉아 비둘기들과 빵을 나눠 먹을 수 있음에 행복했다. 낯선 이국의 풍경과 나를 반겨주는 사람들, 매일 매일 새롭게 사귀는 친구들, 보드카와 함께한 떠들썩한 모임, 모닥불

앞에 둘러앉아 밤이 깊어가는 줄 모르고 떠들던 날들, 초원에 드러누워 쏟아지는 별을 온몸으로 받아내며 시인이 되던 밤…. 이 모든 걸 누릴 수 있게 해준, 내가 선택한 고생과 가난과 배고픔에 진심으로 감사했다.

스물두 살이었던 2016년 여름에 두 친구와 함께 자전거로 서울에서 부산까지 국토종주를 한 적이 있다. 그 해는 기상관측 사상 최악의 여름 중 하나로 꼽혔다. 마지막 종착지는 부산 을숙도. 따갑게 살갗을 파고드는 뙤약볕과 갈증, 전신의 근육통과 피로를 견디면서 을숙도에 도착만 한다면 감격의 눈물을 흘릴 것 같았다. 5박 6일 일정의 마지막 날에 도착한 을숙도에는 마침 저녁노을이 지고 있었다. 수평선 너머로 지는 노을을 보며 기분이 어땠을까? 가슴이 벅찼을까 아니면 고생한 날들이 떠올라 감정에 복받쳐 눈물을 흘렸을까? 전혀 아니다. 기념사진 몇 장 찍고 노을 구경 좀 하다가 숙소로 갔다. 생각만큼 벅차지도 감격스럽지도 않았다.

왜 그랬을까? 스스로 고민해봤다. 답은 의외로 간단했다. 우리의 '목적지'는 부산이었지만 '목적'이 부산에 '도착하는 것'은 아니었기 때문이다. 자전거 국토종주의 진짜 목적은 600킬로미터가 넘는 거리를 성실하게 페달 밟아가는 과정, 길가에서 밥 지어 먹고 절 창고에서 잠을 자며 모기장을 치고 노숙을 하던 순간의 행복과 즐거움에 있었다. 폭염을 견디고, 자전거를 끌고 산을 오르고, 깜깜한 밤길을 헤매던 순간순간이 나에게는 이미 국토종주의 성공이었던 것이다.

몇 번의 여행을 통해 나는 '삶이 정말로 여행을 닮았다'라는 확신을 가지게 되었다. 남들 다 가는 길만 따라가려 하지 않는다면, 목적 잃은 목적지를 정하고 그것에만 매달리지 않는다면, 행복과 불행에서 모두 배울 수 있다면, 소박하고 단순할 수 있다면, 누구에게나 열린 마음으로 친구가 될 수 있다면, 우리가 겪는 모든 과정을 환영할 준비가 되어 있다면, 우리가 서 있는 지금 이 자리가 최종 목적지이고 성공의 자리가 된다. 이것이 여행과 삶의 공통점이다.

내가 떠난 아시아 횡단 여행의 최종 목적지가 어디였을까? 바로 집이다. 결국은 있던 자리로 다시 돌아오기 위해서, 지금 이 순간을 더 잘 살기 위해서 여행을 떠난 것이다. 긴 여행길을 걸어왔고 앞으로도 한참을 더 가야 할 이들에게 말해 주고 싶다. 우리 모두 '진짜 여행'을 떠나자.

나뭇잎의 쓸모처럼

자산

툇마루에 앉아 시간 가는 줄 모르고 낙엽이 지는 걸 바라본다. 푸르던 잎들은 가을의 서늘한 바람과 붉은 노을에 빨갛게 옷을 갈아입고 웅크린 내 모습을 비웃기라도 하듯 아름답게 떨어진다. 지고 나서는 조금 전과 달리 약간은 초라하게 바람에 몸을 맡긴 채 이리저리 구르다 다른 식물의 양분이 되어준다. 앙상한 가지만 남은 나무는 겨우내 바람에 흔들리며 다시 올 봄을 기다린다. 1년이라는 시간이 흘렀다.

어느덧 12월, 한 해의 마지막 달이자 새해를 준비하는 달. 올해는 전 세계가 많이 아프고 비통한 한 해였다. 여전히 코로나바이러스는 기승을 부리고 있고, 연초에 시작된 러시아와 우크라이나 전쟁은 현재도 진행 중이고, 이상기온으로 인해 한쪽에선 물난리를 겪고 다른 쪽에선 심각한 가뭄으로 허덕였다. 그 덕에 범국가적인 차원에서 환경과 생명에 관한 관심이 어느 때보다 높아진 것은 환영할 만한 일이지만, 그만큼 많은 희생이 있었다.

자연이 준 것이든 인간이 서로에게 남긴 것이든 상처는 쉽게 아물지 않는다. 시간이 지나도 자국이 남는다. 그 흔적은 같은 실수를 반복하지 말라는 경고이자 각인이다. 잘 살려면 이를 늘 염두에 두어야 한다. 3년 전에 나도 누군가에게 상처를 주었다. 나를 낳고 길러주신 부모님이다. 머리 깎고 출가하는 아들을 배웅하면서 애써 눈물을 삼키며 훌륭한 스님이 되라고 말씀하시던 부모님, 그 모습을 떠올리면 지금도 가슴이 먹먹하다. 나는 출가 이후 한시도 그날을 잊은 적이 없다. 나태해지려고 하거나 포기하고 싶은 순간이 올 때면 항상 그날을 떠올리며 마음을 다잡는다. 나를 위해서 많은 것을 포기하고 희생해준 가족들에게 부끄럽지 않은 삶을 살아야 한다는 생각으로 이를 악문다.

얼마 전 또 한 번 안타까운 소식이 들렸다. 갑작스러운 사고로 수많은 젊은 청춘이 목숨을 잃었다는 뉴스였다. 새벽 예불이 끝난 후 간단한 일과를 마치고 나서 그 얘기를 들었다. 말문이 막혔다. 내 나이 또래가 겪은 일이었기에 더욱 감정이입이 되었고, 고작 출가에도 가슴을 쓸며 우시던 부모님 모습이 희생자 가족들에게 오버랩되었다. 얼마나 아플까, 감히 어떻게 상상이나 할 수 있을까. 이 충격적인 사고 소식을 접하고서 먼 산중에 있는 내가 할 수 있는 일은 오직 하나였다. 한 사람이라도 더 이들의 상처를 기억해주기를, 다시는 이와 같은 슬픔을 겪는 일이 없기를 바라는 것뿐이었다.

현대는 어느 때보다 풍요롭고 빛나는 시절이라고 한다.

높은 빌딩, 화려한 장식, 멋진 옷과 차와 음식이 삶을 가득 채우고 있다. 사방에 눈길을 사로잡는 것 천지다. 누구든지 이 풍요로움을 만끽하며 행복을 누릴 수 있다. 그런데 그것으로 충분할까? 어쩌면 우리는 너무 많은 화려함에 둘러싸여서 정작 봐야 할 것을 못 보고 있는 것은 아닐까? 조고각하(照顧脚下)라는 사자성어가 있다. 선방이나 강원 등에서 신발을 벗어두는 댓돌에 새겨놓는 말인데 '허리를 숙여 발아래를 보라'는 뜻이다. 여기에는 두 가지 숨은 의미가 있다. 첫째는 '도란 멀리 있는 것이 아니라 지금 이곳에 있다'는 것. 둘째는 '잠시 멈춰서 삶 전체를 돌아보고 살펴보라'는 것이다. 지금 이 시대를 살아가는 이들에게 필요한 건 두 번째, 멈추어 전체를 조망하는 정신이다.

잠깐의 멈춤으로 우리는 많은 것을 보고 듣고 느낄 수 있다. 더 정확하게 말하면, 내가 보지 못하고 듣지 못하고 느끼지 못하던 것을 알아챌 수 있다. 그것이 단지 날아가는 새의 새소리든, 내 안에서 울리는 내면의 목소리든, 아니면 누군가의 간절한 외침이든, 일단은 멈춰야 제대로 들을 수 있다. 가만히 숨을 죽이고 귀 기울여 보자. 어디선가 낯선 소리가 들려올 것이다. 주저 없이 그 소리를 따라가자. 거기서 함께 웃고 울고 부둥켜안자. 그것이 바로 부처의 삶일 것이다.

매서운 추위가 우리를 떨게 할지라도 기어코 봄은 오고 야 만다. 그날까지 '함께'라는 이름으로 더불어 추위를 견디 는 시간이 되었으면 한다. 작고 보잘것없어 보이는 저 나뭇 잎의 쓸모처럼, 우리도 누군가의 이불이 되어주고 거름이 되 어주자.

상처는 쉽게 아물지 않는다.

시간이 지나도 자국이 남는다.

그 흔적은 같은 실수를

반복하지 말라는 경고이자

각인이다.

죽음을 명상하라

승오

사람은 누구나 태어나면 죽는다는 걸 알고 있다. 하지만 오늘 당장 죽지는 않을 거라고 믿으면서 살아간다. 죽음을 저기 한쪽에 제쳐둔다. 죽음에 대해 고민해봤자 생산적이지 않고 부정적인 기분만 들 뿐이기 때문이다. 정말 그럴까? 아니다. 실은 정반대다. 죽음에 대해 생각함으로써 우리는 현실을 더욱 충만하게 살아갈 수 있다. 매 순간을 소중하게 다루게 되기 때문이다. 죽음을 바르게 앎으로써 삶의 유한성을 깨달은 사람은 결코 인생을 허비하지 않는다.

불교 경전을 보면 죽음에 관해 생각하고 명상하라는 가르침이 많다. 《대반열반경》에 '모든 생각들 가운데 무상과 죽음을 생각하는 것이 제일이다'라는 구절이 나온다. 《앙굿따라 니까야》에는 '죽음에 대한 마음챙김을 닦아라. 만일 죽음에 대한 마음챙김을 발전시키고 연마하면 크나큰 결실과 이익을 가져온다'라며 부처님이 제자들에게 설법하시는 장면이 있다. 부처님이 거듭 강조하시듯 죽음에 관해 사유하는 것은 삶과 직결된 중요한 문제지만 대다수 사람은 당장 먹고사는 게 바쁘다는 핑계로 죽음을 거들떠보지 않는다. 물론 나도 그랬다.

출가 전까지 나는 죽음을 깊이 성찰하지 않았다. 남 일처럼 느끼거나 먼 훗날의 일로 생각했다. 심지어 죽음을 생각하는 것은 염세적이어서, 그런 생각 따위는 잊고 생활에 몰두하는 것이 더 바람직하다고 믿었다. 그런데 어머니가 돌아가시고 이듬해에 할머니까지 돌아가시자 '죽음'이 갑자기 현실로 다가왔다. 건강할 때 좀 더 잘해드릴 걸 하는 자책감, 다시는 어머니와 할머니를 볼 수 없다는 공허감과 허무함이 동시에 밀려왔다. 누구라도 가까운 이의 죽음을 목격하면 비슷한 상황에 맞닥뜨릴 것이다.

잘 기억이 나지는 않지만 주위 어른들 말로는 어렸을 때 내가 할머니를 무척 좋아하고 따랐다고 한다. 불교를 접하게 된 것도 할머니의 영향이 컸다. 집 근처에 기차역이 있었는데, 할머니는 종종 기차를 타고 절에 다녀오셨다. 나는 할머니가 돌아오실 시간이 되면 기차역에 마중을 나가곤 했다. 그러다가 덩달아 할머니를 따라 절에 가기 시작했고 자연스럽게 불교와 인연을 쌓게 되었다.

할머니는 돌아가시기 전에 힘든 투병 생활을 하셨다. 하지만 돌아가실 때는 편안한 얼굴로 미소를 머금고 가셨다. 평소 절에 다니며 법문을 듣고 부처님 가르침에 따라 수행한 공덕으로 마지막 순간에 평온을 찾으신 게 아닌가 한다. 아마도 좋은 곳으로 가셨을 것이다. 할머니를 보면서 나도 나중에 저런 모습으로 세상과 작별할 수 있을까 하는 의문이 들었다. 생각 끝에 할머니가 돌아가신 뒤 1년 후에 출가를 결심했다. 실제 출가는 그로부터 10년 뒤에야 이루어졌지만 마음에 새긴 다짐에는 변함이 없었다.

경전 내용 중에 '죽을 때 가진 마음이 내생을 결정한다'라는 가르침이 있다. 마지막 마음은 일평생 지은 생각과 행동의 영향을 받는다고 한다. 이 내용을 읽고서 곰곰 지난 삶을 돌아보니, 그동안 너무 나만을 위해 살아왔다는 생각이 들었다. 누군가를 위해 애썼던 적이 있던가 자문해 보았는데 그런 기억이 별로 없었다. 할머니나 부모님, 주위 사람들과 사회로부터 매번 받기만 하는 삶을 살아왔던 것이다.

지난날 내 삶은 지독하게 탐진치에 빠져 있었던 것 같다. 꼭 필요한 물건이 아닌데도 남이 가지고 있으면 가지고 싶어 하고, 다른 사람의 사소한 행동을 눈에 거슬려하거나 화를 낸 적도 많았다. 혼자만의 잘못된 생각에 빠져 고집을 부리기도 했다. 그런 모습을 자각하고 보니 한심하기 짝이 없었다. 대체 왜 그러고 살았을까? 어째서 무상한 것에 집착하며 모든 게 영원할 것처럼 굴었을까? 이유는 단순했다. 어

리석었기 때문이다. 당장 눈앞에 보이는 것에만 관심을 두면서 습관적으로 살았던 것이다. 정신이 아주 무뎠다. 어쩌면 이것이 습관의 무서운 힘인지 모르겠다.

알아차리지 못하고 자각하지 못하면 그 상태로 계속해서 삶을 살아간다. 알아차린 뒤에도 몸에 밴 습관은 바꾸기가 쉽지 않다. 긴 시간 알게 모르게 쌓여온 생각과 행동이 단단하게 굳어져 있기 때문이다. 내가 그랬다. 예전과 같이 살면 안 되겠다고 마음먹었지만 생각 하나 행동 하나를 바꾸기가 여간 어려운 게 아니었다. 나름대로 궁리하다가 방법을 바꿔보기로 했다. 단박에 모든 것을 바꾸려고 하기보다 조금씩 바꿔나가기로. 이를테면 점수(漸修)의 방식이랄까. 모든 문제의 근원인 어리석음을 없애는 것부터 시작하기로 했다.

어리석음을 떨치기 위해 내가 찾은 방법은 경전 읽기다. 《아함경》에 보면 '자신이 어리석은 줄 아는 사람은 이미 어리석은 사람이 아니다. 진정으로 어리석은 사람은 자신이 어리석다는 사실을 모르는 사람이다'라는 말이 나온다. 곧 자신의 어리석음을 성찰하는 것이 어리석음을 없애는 중요한 방법이라는 얘기다. 다만 나는 스스로의 판단만으로는 어떤 생각이 옳은지 그른지 정확히 가려내기가 어렵다고 생각해서 경전을 지도와 나침반 삼아 길을 찾기로 했다. 부처님의 가르침을 따라가면 엉뚱한 길로 가거나 헤매는 일 없이 목적지에 당도할 수 있을 테니 말이다. 여담이지만, 실제로 나는 엄청난 길치라서 평소 어디를 갈 때 휴대전화기 지도의 도움을 많이 받는다. 그러니 이 방법은 나에게 아주 적합하고 익숙한 방식이라고 할 수 있다. 또 티베트 불교의 《청문집(聽聞集)》에 '들어서 모든 법을 알게 되고, 들어서 모든 악을 그치고, 들어서 의미가 없는 것은 버리고, 들어서 열반을 얻노라'라는 구절이 있다. 법을 들음으로써 선과 악을 알 수 있게 된다는 것이다. 나는 이 '들음'이라는 말을 경전을 '읽는다'로 이해했다.

　　열심히 경전을 읽는다고 해서 어떻게 어리석음이 사라질까? 말하자면 이것은 생각과 행동이 자라는 토양, 환경을 바꾸는 시도다. 최근 뇌과학자들의 연구 결과에 따르면 인간의 뇌는 환경, 경험, 신체 상태에 따라 죽을 때까지 계속해서 변화한다고 한다. 조건이 바뀌면 결과가 달라진다는 얘기다. 불교에서도 조건에 따라 인연이 생기고 여러 가지 인연들이 모여서 결과를 만든다고 하잖는가. 생각과 태도, 마음 역시 마찬가지다. 경전의 좋은 말씀을 자주 읽음으로써 생각과 행동의 씨앗이 되는 바른 마음을 길러내는 이치다. 중요한 건 경전의 글자를 읽고 외는 것이 아니라 그 안에 담긴 부처님의 가르침을 오롯이 체득하는 것이다.

인생은 어디로 흘러갈지 예측하기 어렵다. 한 치 앞도 내다보기 힘들다. 내가 해인사승가대학에 와서 처음 공양간에 들어갔는데, 웬 우락부락한 인상의 행자가 한 명 서 있는 걸 보고는 속으로 이렇게 생각했다. '아, 행자생활 꼬였네!' 그런데 시간이 지나서 그 행자와 나는 누구보다 가까운 사형 사제가 되어 함께 강원생활을 하고 있다. 재밌지 않은가.

예측 불가능한 삶에서 우리가 예측할 수 있는 단 한 가지는 바로 죽음이다. 다시 말하지만, 우리는 누구나 태어나서 잠시 살다가 결국에는 죽게 되어 있다. 그 사실을 모르는 사람은 없다. 문제는 이를 얼마나 현실감 있게 느끼면서 살아가느냐다. 각자 자신의 마지막 순간을 머릿속에 그려보라. 두려운 감정이 들 수도 있고 새삼 생명의 경이를 느끼는 사람도 있을 것이다. 무엇이든 좋다. 거기를 출발점으로 삼아라. 죽음으로부터 자신의 삶을 돌아보고, 마음과 몸의 잘못된 습관을 알아차림으로써 이전과 다른 삶을 살아갈 수 있다. 그 변화의 길에 부처님 가르침을 담은 경전이 좋은 길잡이가 되어줄 것이다.

죽음에 대해 명상하라. '삶은 불확실하고 죽
음은 확실하다. 이 몸은 언젠가 죽는다. 죽
음은 삶의 종착역이다. 삶은 불안정하고 죽
음은 반드시 온다'라고 자주 외며 명상하라.
죽음에 대해 명상하지 않은 사람은 마치 막
대기 없는 사람이 독사를 보면 두려움에 휩
싸이듯 마지막 순간이 다가오면 공포에 휩
싸여 당황하며 비명을 지른다. 그러나 죽음
에 대해 명상한 사람은 마치 막대기를 가진
사람이 뱀을 보면 막대기로 집어서 멀리 던
져버리고 마음의 동요가 전혀 없듯이 마지
막 순간이 다가와도 두려움에 떨지 않는다.
그러니 죽음에 대해 명상하라.

_《법구경》

존재하는 모든 것들은 행복하라

일천

행자생활을 할 때 사형스님이 틈틈이 해주셨던 이야기가 있다. 석가모니 부처님의 원음이 담긴 경전《숫타니파타》에 나오는 〈자애경〉 이야기다. 특별히 이것이 오래 기억에 남은 것은 부처님이 경을 설하신 배경이 너무나 마음에 와닿았기 때문이다. 대강의 내용은 이렇다.

한 비구 무리가 부처님에게 인사를 드리고 수행을 위해 히말라야 방향으로 길을 떠났다. 거처를 찾던 이들은 맑은 강이 흐르고 맑은 모래 언덕과 푸른 풀밭과 나무숲이 있는 적합한 수행처를 찾았다. 그 숲의 큰 나무에는 목신(나무의 신령)들이 살고 있었는데, 부처님의 제자들이 왔다는 말을 듣고는 기쁜 마음으로 자리를 비켜주었다. 그런데 잠시 머물다 갈 줄 알았던 비구들이 떠날 생각을 하지 않자 목신들은 슬슬 고민이 되었다.

결국 목신들은 보금자리를 되찾기 위해 비구들을 쫓아내기로 하고, 매일 밤 무시무시한 모습을 보이거나 기괴한 소리를 내거나 고약한 냄새를 풍겨서 비구들을 두려움에 떨게 했다. 한 명도 빠짐없이 매일 밤 무서운 경험을 한 비구들은 정해진 기간보다 빨리 나무숲을 떠나 부처님에게 돌아갔다. 그리고 자신들이 겪은 일을 말씀드리며 새로운 수행 장소를 정해달라고 간청했다. 신통력으로 인도 전역의 수행처를 살펴보신 부처님은 목신들이 기거하는 나무숲이야말로 비구들이 과거 인연에 따라 해탈을 이루기에 가장 적합한 장소라며 그곳으로 돌아가 수행을 계속하라고 말씀하셨다. 그러면서 수행할 때 두려움을 이겨낼 방편으로 〈자애경〉을 설해주셨다.

나무숲으로 돌아온 비구들은 매일 〈자애경〉을 암송하면서 수행에 매진했다. 그러자 신기하게도 목신들이 매우 행복한 감정을 느끼게 되었고, 나중에는 비구 무리에게 형상을 드러내 보이면서 공경하는 모습을 보였다. 목신들의 보살핌 속에 고요히 수행에 전념할 수 있었던 비구들은 마침내 아라한이 되었다.

이렇듯 〈자애경〉을 암송하면 눈에 보이지 않는 영적인 존재들이 우리를 보호해주어서 서로 편안함을 느낀다고 한다. 이 외에도 〈자애경〉을 독송하고 수행함으로써 얻을 수 있는 11가지 공덕이 있다. 하나, 편안하게 잠든다. 둘, 편안하게 깨어난다. 셋, 잠잘 때 악몽에 시달리지 않는다. 넷, 사람들이 좋아한다. 다섯, 비인간들(신적인 존재)이 좋아한다. 여섯, 신들이 보호해준다. 일곱, 불·독·모기가 해치지 못한다. 여덟, 쉽게 마음을 집중할 수 있다. 아홉, 표정이 부드럽고 고요해진다. 열, 불안한 마음 없이 죽음을 맞는다. 열하나, 더 높은 경지를 통찰하지 못하더라도 범천(색계 천상)의 세상에 태어난다.

무릇 수행자가 열반에 이르려면 계정혜를 함께 잘 닦아야 한다. 항상 올바르고 정직하고 순종하고 교만하지 않아야 한다. 적당한 것에 만족하고 까다롭지 않으며, 분주하지 않고 간소한 생활을 하고, 고요한 감각기관을 가지고 성숙한 지혜와 예의 바른 겸손함을 가지며, 가까운 이들에게 집착하지 않아야 한다. 현명한 이들에게 비난받을 만한 사소한 허물도 일삼지 않아야 한다. 부처님은 언제 어디서나 자애의 마음을 잊지 않고 자애를 닦는 삶을 고귀한 삶이라고 말씀하셨다. 이로써 계행과 지혜를 완벽하게 지니는 수행자는 잘못된 견해에 매이지 않으며, 감각적 욕망을 제거하고, 모든 번뇌가 소멸하여 다시는 윤회하지 않는다고 말씀하셨다. 그러니 우리 모두 자애의 마음을 닦아야 한다.

자애 수행은 의외로 어렵지 않다. 나로부터 주변, 모든 생명으로 점점 관점을 넓혀가면서 기원하면 된다. 예를 들어 '내가 건강하고 행복하기를'로부터 시작해서 '○○○가 행복하기를'을 거쳐 '모든 생명이 행복하기를'로 나아가면 된다. 자애 수행이 자기 자신을 향한 기원으로부터 시작하는 이유는 세상에 자기 자신만큼 사랑스러운 존재가 없기 때문이다. 또한 자기 자신을 진정으로 사랑할 줄 알아야 다른 존재도 사랑할 수 있기 때문이다. 내가 행복하려면 다른 존재도 행복해야 한다는 진리를 몸소 체득하는 것이 자애 수행의 첫걸음이라고 할 수 있다.

〈자애경〉은 그 자체로 수행법은 아니지만 어떤 불교 수행을 할 때든 이를 암송하면 수행하는 데 큰 힘이 된다. 마음이 편안해지고 부드러워지기 때문이다. 출가자와 재가자를 막론하고 남녀노소 밤낮으로 열심히 정진하는 수행자들이 〈자애경〉을 좋은 밑거름 삼아 수행에 매진하길 바라는 마음으로, 너나 할 것 없이 일체중생이 행복하길 바라는 마음으로 경전 말씀 한 구절을 적어둔다.

어떤 살아 있는 존재들이건
동물이거나 식물이거나 남김없이
길거나 크거나 중간이거나
짧거나 조그맣거나 거대하거나

보이는 것이나 보이지 않는 것이나

멀리 사는 것이나 가까이 사는 것이나

태어난 것이나 태어날 것이나

존재하는 모든 것들은 행복하라.

삼보에 귀의하는 공덕

설산

값을 매길 수 없는 귀중한 가치를 담은 것을 보물이라고 한다. 작게는 한 가정에서부터 크게는 한 나라와 전 세계가 소중히 여기는 귀중한 보물이 여럿 있다. 불교에도 보물이 있다. 무려 세 개나 된다. 불(佛), 법(法), 승(僧). 불교에서는 이 세 가지를 일컬어 삼보(三寶)라고 말한다.

첫 번째 불보는 부처님을 말한다. 부처님은 '깨달은 분(Buddha, 붓다)'이라는 뜻이다. 진리를 깨달아 부처가 되어서 가엾은 일체중생을 구제하시는 분이다. 부처님은 언제나 우리와 함께 계신다. 좀 더 정확히 말하면 우리 안에 부처가 될 씨앗이 들어 있어서 우리가 곧 부처라고 할 수 있다. 다만 어리석은 범부는 마음이 미혹하여 스스로 부처임을 보지 못할 뿐이다.

두 번째 법보는 부처님이 깨달은 진리와 그것에 관해 설한 가르침을 말한다. 구체적으로 부처님 말씀을 직접 담고 있는 경장(經藏), 부처님 가르침을 실천하는 데 필요한 규범과 수행자들이 지켜야 할 계율을 담은 율장(律藏), 부처님 가르침을 논리적으로 풀이하고 설명한 논장(論藏)이 그것이다.

세 번째 승보는 부처님의 가르침에 따라 살아가는 수행자와 그들이 모인 승가(僧伽)를 말한다. 승가는 비구, 비구니,

사미, 사미니, 행자, 우바새(남성 신도), 우바이(여성 신도)로 되어 있다. 하지만 그 의미를 더욱 넓게 해석하면, 부처님의 가르침을 배우고 익혀서 위로는 깨달음을 구하고 아래로는 고통받는 모든 중생을 구제하리라는 원력을 세우고 정진하는 모든 사람을 의미한다.

부처님이 말씀하시길, 이 세 가지 보물을 공경하고 거기에 귀의하는 것만으로도 큰 공덕을 쌓게 된다고 했다. 이에 관한 경전 내용을 몇 가지 소개한다.

7세기 중엽 당나라 현장 스님이 번역하신 《최무비경(最無比經)》에 이런 말이 나온다. "선남자 선여인이 깨끗한 믿음을 가지고 '이제 저는 가장 존귀하신 부처님께 귀의합니다. 이제 저는 가장 뛰어난 부처님의 가르침에 귀의합니다. 이제 저는 가장 훌륭하신 스님들께 귀의합니다'라고 말한다면 이 사람이 얻게 될 복은 헤아릴 수가 없다." 또 재가신자들이 지켜야 할 계율을 설한 《우바색계경(優婆塞戒經)》에서는 "만약에 어떤 사람이 삼보에 귀의한다면 그 공덕의 끝은 다할 수가 없다. 전 중생이 7년 동안 운반하여도 바닥나지 않는 보배 창고가 있다면, 이 보배 창고보다도 차라리 불법승 삼보에 귀의한 공덕의 크기가 훨씬 더 뛰어나다"라고 했다.

구체적으로 삼보에 귀의한 공덕으로 얻게 되는 가피는 무엇일까? 이에 관한 재미있는 일화가 있다. 《절복나한경(折伏羅漢經)》이라는 경전에 나오는 내용이다. 아주 먼 옛날에 도리천이라는 하늘세계에 한 천신이 살고 있었다. 이 천신은 오랫동안 하늘세계에서 큰 복을 누리다가 복이 다할 때가 되자 신체가 쇠락하고 수명이 7일밖에 남지 않게 되었다. 그는 자신이 죽은 뒤에 어떤 세계로 가게 될지 궁금해서 천안통을 발휘해 다음 생을 알아보았는데, 머지않아 인간세계의 돼지로 태어난다는 걸 알게 되었다. 하늘세계에서 온갖 쾌락을 누리며 새로운 선업을 짓지 않았기에 자신이 가진 복을 모두 탕진하여 축생으로 태어나게 된 것이다.

두려움에 떨던 천신은 도리천의 왕인 천주에게 도움을 요청했지만 천주 또한 어찌할 방법이 없었다. 대신 천주는 "지금 인간세계에 부처님이 출현하셨으니 위대한 부처님께 가서 가르침을 구하라. 오직 부처님만이 고통에서 구원해주리라"라고 말했다. 이에 한 가닥 희망을 품고 천신은 부처님을 찾아가 간절히 도움을 청하고 가르침을 부탁한다. 그때 부처님은 다음과 같이 가르침을 주셨다. "도리천의 천신이여. 오직 불법승 삼보에 귀의하라. 지금부터 남은 7일 동안 오직 불법승 삼보에 귀의하는 삼귀의를 봉송하라."

부처님의 가르침을 받은 천신은 7일간 온 마음을 다해 불법승 삼보를 염송했고 마침내 하늘세계에서 목숨을 마치게 된다. 그리고 죽음과 동시에 삼보에 귀의했던 강력한 선업의 힘으로 본래 받아야 할 축생의 삶에서 벗어나 인간 세상의 귀한 가문에서 태어난다. 그리고 훗날 부처님의 십대제자 중 한 명인 지혜제일 사리불 존자를 만나 다시 부처님법을 듣게 되고 마침내 큰 깨달음을 얻게 된다.

이것이 불법승 삼보에 귀의한 공덕이자 미묘한 부처님의 가피다. 얼핏 사람들은 불교에서 믿음을 그다지 중요시하지 않는다고 생각하지만, 사실 믿음은 불교에서 굉장히 중요한 요소다. 석가모니 부처님과 존나 존자의 대화를 기록한 경전인 《존나경(尊那經)》에서 부처님은 이렇게 말씀하신다. "만약 맑고 깨끗한 믿음을 가진 사람이 있어서 부처님 계신 곳이나 부처님 제자가 있는 곳에서 법을 듣고 크게 착한 뜻을 일으켜 불법승 삼보에 귀의하여 여래의 청정한 계법을 받는다면, 이로써 다함이 없는 공덕을 얻게 될 것이다."

이렇듯 불교의 여러 경전에서는 불법승 삼보에 귀의할 때 얻게 되는 크나큰 공덕에 대해 거듭 강조한다. 삼보에 귀의함은 현세에 큰 복덕을 짓는 일이요, 후세에는 큰 즐거움을 얻게 하며, 마침내 그 힘으로 열반적정의 깨달음을 성취하게 된다면서 말이다. 따라서 불자라면 이 세 가지 보물을 반드시 간직하면서 잠시도 잊어서는 안 될 것이다. 무엇보다 우리는 이 세 가지 보물을 통해 중생의 옷을 벗어 던지고 깨달음을 통해 부처님을 만나게 된다.

삼보에 귀의하는 것은 인생을 살아가는 데 큰 희망이다. 희망은 파란 하늘과 같고 사막 속의 오아시스와 같다. 인생을 살아가는 데 이런 희망이 없다면 삶이 지루하고 괴롭고 심지어 죽음에 이르는 커다란 병이 될 것이다. 삼보는 불자들에게 있어 삶의 고통을 건너게 해주는 희망의 반야선(般若船)이다. 이 배를 타고 생사의 바다를 건너 생로병사가 없는 열반의 세계에 이를 수 있다. 특정한 사람만이 아니라 누구든지 삼보에 귀의하여 정진한다면 그 세계에 갈 수 있다. 부자든 가난하든, 어른이든 아이든, 건강하든 건강하지 않든, 어떤 직업을 가졌든 말이다.

'백천만겁난조우(百千萬劫難遭遇)'라는 말이 있다. 인간으로 태어나기 어렵고 인간으로 태어나 부처님 가르침을 만나기 어려움을 비유적으로 표현하는 말이다. 이번 생은 우리에게 주어진 더할 나위 없이 좋은 기회다. 인간의 삶이라는 소중한 보물을 얻었고 부처님 가르침이라는 귀중한 보물을 얻었기 때문이다. 이렇게 귀중한 삶을 강물 흘려보내듯 해서야 안 되지 않을까. 세월은 결코 너그럽게 우리를 기다려주지 않는다.

　간혹 어떤 사람들은 돈, 명예, 사랑 세 가지를 인생에서 가장 중요한 가치로 꼽는다. 과연 그럴까? 우리는 주변에서 돈, 명예, 사랑에 매달려 괴로워하는 사람을 어렵지 않게 볼 수 있다. 우리 스스로가 이미 그 사실을 삶에서 체감하고 있지 않은가? 참다운 삶, 지혜롭고 현명한 삶은 부처님의 가르침에 따라 사는 삶이다. 지수화풍으로 이뤄진 사대육신은 참나가 아니며 햇빛처럼 맑고 진주처럼 영롱한 때 묻지 않은 불성이야말로 나의 본성이며 참나임을 아는 것이 중요하다. 그럴 때 우리는 고통이 아닌 행복으로 가득한 인생을 살아갈 수 있다.

조리와 속리 이야기

월찬

옛날 인도 남쪽에 마열파타국이라는 나라가 있었다. 그 나라에 아주 부유한 장자와 따뜻한 마음씨를 가진 부인이 살고 있었다. 부부에게는 한 가지 걱정이 있었는데 슬하에 자식이 없다는 것이었다. 이에 부부는 자식을 얻기 위해 지극한 기도를 올렸고 결국 아이 둘을 얻게 되었다. 자식을 얻은 장자는 기쁜 마음에 덕망 높은 바라문을 불러 아이들의 장래를 점치게 했다. 두 아이를 본 바라문은 "이 아이들은 모두 부모를 일찍 여읠 운명이다"라며, 각각 조리와 속리라는 이름을 지어주었다.

시간이 흘러 어느덧 조리가 일곱 살, 속리가 다섯 살이 되던 해에 부인이 위독한 병을 얻게 되었다. 장자는 온 마을과 나라를 오가며 의사를 찾아 진찰해 보았지만 나아질 기미가 보이지 않았다. 어느 날 장자의 부인은 자신이 죽을 때가 되었음을 직감하고는 조리와 속리를 불렀다. 울고 있는 두 아이에게 부인은 유언으로 이런 말을 해주었다. "조리야, 속리야. 사람이 한번 태어나 죽는 것은 누구도 면할 수 없으니 죽는 것은 무섭지 않다마는 너희 어린 형제를 남겨 놓고 떠날 것을 생각하니 가슴이 몹시 아프고 쓰리구나. 너희는 슬퍼하지 말고 내가 죽은 뒤라도 모든 것을 잘 배워서 훌륭한 큰 성현이 되어 만백성을 지도하는 인물이 되어다오." 부인은 이러한 유언을 남기고 세상을 떠났다. 부인의 죽음을 안타까워하던 장자는 이후 어린 두 아이를 위해 후처를 맞아들였다. 다행히 후처는 조리와 속리를 친자식처럼 대했고, 다시금 장자 가족은 행복하게 지내게 되었다.

어느 해 마을에 큰 가뭄이 들어 흉작으로 먹을 게 부족해졌다. 장자는 후처에게 아이들을 맡겨 두고 먹을 것을 구하러 이웃 나라로 떠났다. 혼자 남은 후처는 문득 남편이 돌아오지 못하면 어쩌나 하는 생각과 동시에 장자의 재산에 욕심이 생기기 시작했다. 만약 자신이 자식을 낳더라도 조리와 속리가 있으니 자기 자식에게 재산이 돌아오지 않으리라 생각했다. 이윽고 후처는 조리와 속리를 없애고 장자의 재산을 혼자 독차지하려는 마음을 품게 되었고, 뱃사공을 매수해 두 아이를 사람이 살지 않는 외딴섬에 버리고 오라고 지시했다. 영문도 모른 채 배에 탔다가 외딴섬에 버려진 아이들은 점점 멀어져가는 뱃사공을 향해 소리쳐 보았지만 소용없었다.

어린 두 형제는 추위와 배고픔 속에서 부둥켜안고 울고 또 울었다. 며칠이 지나 더 이상 기력이 없어서 죽을 때가 얼마 남지 않았을 때 조리가 힘겹게 말했다. "이 몸은 기한을

이기지 못하여 비록 죽더라도 정신이나 차려보고 죽자. 우리
는 여기서 죽더라도 혼신의 힘으로 성현이 되고 보살이 되
자. 그리하여 고통이 많은 자에게 의지가 되어주고 그들을
구제해주자." 조리는 옆에 있던 돌을 집어 들어 자신의 열 손
가락을 내려쳤다. 그러고는 피가 흐르는 손가락으로 자신이
입고 있던 누더기 위에 대비원(大悲願)을 써 내려갔다. 내용
은 이랬다.

> 우리 형제가 죽으면 부모 없는 설움으로 슬
> 픔에 젖은 사람에게는 대성자모(大聖慈母)와
> 자부(慈父)가 되고, 외로운 사람에게는 친절
> 한 벗과 형제가 되며, 헐벗은 자에게는 옷이
> 되고, 굶주리는 자에게는 밥이 되며, 온갖
> 병고 중생들에게 명의가 되고 약이 되어 고
> 쳐주고, 부처님을 만나지 못하는 중생에게
> 는 부처님의 몸을 나누어 구제하겠노라. 열
> 손가락이 문드러지도록 중생을 구원하고
> 고통을 덜어주고 즐거움을 주는 '손고여락
> (損苦與樂)'이 되겠노라. 열 발가락이 짓이겨

지도록 시방세계를 쫓아다니며 고독한 영
혼의 고통을 없애주고 외로움을 달래 기쁨
을 주는 '발고여락(拔苦與樂)'이 되겠노라.

조리와 속리는 32가지 큰 발원을 세우고 자신들의 원력이
담긴 누더기를 나뭇가지에 걸어놓고는 서로를 꼭 껴안은 채
죽음을 맞이했다. 그 뒤 조리는 관세음보살이 되고 속리는
대세지보살이 되어 어떠한 조건 없이 중생을 구제하며 깊은
깨달음의 세계로 이끌었다.

이 이야기는 불제자에게 발원이 얼마나 중요한 것인지
를 알려준다. 단순히 자신의 이로움만을 위해 비는 것은 진
정한 발원이 아니다. 그것은 그저 소원에 불과하다. 조리와
속리는 죽음이 눈앞에 다가왔음에도 타인의 고통을 자신의
고통과 같이 여기는 동체대비심을 일으켜 32가지 서원을 세
웠다. 그랬기에 깨달음을 얻어서 중생의 고통을 어루만져주
는 대보살이 될 수 있었던 것이다.

내가 이 전생 이야기를 알게 된 것은 해인사에서 열린
도량 안내 대회를 준비하면서였다. 어떻게 도량을 안내해야
할까 고민하는데 대적광전에 있는 벽화 하나가 눈에 들어왔

다. 좌측 후문 위에 작게 그려져 있는 벽화였는데, 어린 두 소년이 무릎을 꿇고 있는 그림이었다. 벽화의 내용이 궁금해서 찾아보게 되었고, 마침내 그들이 관세음보살님과 대세지보살님이었음을 알게 되었다. 나는 스스로 질문을 던졌다. '과연 내가 저 상황이었다면 어땠을까? 죽어가는 순간에 나를 버린 새어머니를 원망하지 않고 중생의 고통에 슬퍼하며 저런 발원을 할 수 있을까?' 관세음보살님과 대세지보살님의 전생담은 수행자로서 어떤 자세로 살아가야 하는지 다시금 생각해보는 계기가 되었다.

우리는 한평생 수많은 갈등 속에서 살아간다. 상황이 원하는 대로 흘러가지 않거나 다른 이와 마찰이 일어날 때도 있다. 어쩌면 갈등 없이 살아가는 날이 더 적을지 모른다. 그럴 때면 우리의 마음속에 타인을 원망하거나 자신의 이익을 생각하는 마음이 생기기 마련이다. 좋은 것을 보면 가지고 싶고, 자신의 허물은 감추고 싶고, 싫어하는 이를 보면 헐뜯게 되는 것이다. 이런 행위는 모두 자신을 우선시하는 마음에서 비롯된다.

자고로 수행자의 기본 마음 바탕에는 이타심과 자비심이 있어야 한다. 자신을 버리고 타인을 위하는 마음 말이다.

두 보살님의 발원처럼 죽음 앞에서조차 타인의 고통을 생각하는 마음, 어떤 이라도 원망하는 마음 없이 자비로 보듬을 수 있는 마음이 있어야만 우리의 수행은 흔들림 없이 나아갈 수 있다. 좋은 것이 있으면 남을 먼저 생각하고, 아무리 내게 험한 말을 하는 사람이라도 그 사람을 위하는 마음을 낼 수 있다면 어떤 상황에서도 흔들리지 않을 것이다. 나는 이것이야말로 우리가 항상 들어온 하심의 진정한 의미라고 느꼈다.

모든 불보살님 중 일체중생을 위하는 마음 없이 수행하신 분은 없다. 우리도 그렇게 매 순간 자비심을 키워나가자. 탐심과 진심이 일어도 항상 남을 위하는 마음을 바탕에 두고 묵묵히 수행하다 보면 어느새 탐심과 진심은 줄어들고 이타심과 자비심이 증장할 것이다. 그러면 자신도 모르게 진정으로 남을 위하게 되고 오히려 마음이 더없이 평온해질 것이다. 우리 모두 관세음보살님과 대세지보살님 같은 발원을 세우고, 큰 대자비의 마음을 일으켜 나와 남이 모두 행복할 수 있는 진리의 길로 나아가길 발원하자.

보이는 것이나 보이지 않는 것이나

멀리 사는 것이나 가까이 사는 것이나

태어난 것이나 태어날 것이나

존재하는 모든 것들은 행복하라.

밥값 하는 사람이 되자

자룡

요즘은 꼭 절에 가지 않더라도 책이나 방송 등 여러 가지 방법으로 법문을 들을 수 있다. 법문이란 법(法) 자와 문(門) 자가 결합한 것으로, 말 그대로 법의 문으로 사람들을 인도한다는 뜻이다. 나는 아직 누군가를 법의 문으로 인도할 만큼 역량이 되지 못한다. 구족계를 받은 정식 스님이 아니라 배움의 과정에 있는 사미이기 때문이다. 그렇지만 출가 후에 나름 배우고 익힌 것들이 있어서 이전보다 조금 성장한 것만은 사실이다.

성장, 자란다는 건 무엇일까? 무엇이 자라는 걸까? 크게 보면 두 가지가 있다. 첫째, 물리적 성장이다. 근육을 길러 몸집을 키우거나 키가 자라는 것 등이 여기에 속한다. 둘째, 정신적 성장이다. 이것은 자신의 견해를 얻고 통찰력을 키우는 것을 말한다. 다시 말해 성장한다는 건 몸과 정신이 자란다는 뜻이다. 이중 어느 것이 더 중요하다고 딱 잘라서 말할 순 없지만, 적어도 수행자에게는 후자가 더 큰 관심사이고 중요한 숙제이다.

사람은 왜 성장해야 할까? 자라지 못하면 밥값을 못하기 때문이다. 출가 1년 차, 아직은 중물이 덜 든 어색한 시기에 나는 방황의 시기를 거쳤다. 학교에 다니는 학생으로서의 신분, 절에 사는 스님으로서의 신분 사이에서 갈팡질팡했다. 그러다 머물던 절을 떠나 서울 송파구 잠실에서 노숙 생활을 하게 되었는데, 반나절 만에 주변의 거지들을 보고 성장의 필요성을 절실히 깨달았다. '저 거지의 눈에는 미래가 없고 희망도 없고 의지도 없다. 손에 들린 소주병과 동전이 담긴 모자는 도피처일 뿐이구나. 저 거지의 동전 담긴 모자와 내 발우는 무슨 차이가 있는가? 스님과 거지는 둘 다 빌어먹지만 스님은 사유하고 의심하고 탐구하고 경험한다. 성장하지 않으면 밥버러지일 뿐이다. 성장을 마치는 길은 오직 열반뿐이다.' 이 일로 나는 성장의 의무를 배우고 재출가, 곧 심(心) 출가하는 계기를 얻었다. 남은 건 어떻게 성장하느냐이다.

나무가 멋진 예가 될 수 있다. 나무는 때가 되었다 싶으면 내려놓는다. 잘 무르익은 열매든 아름답게 물든 잎이든 미련 없이 떨군다. 겉모습에 집착하기보다 뿌리를 더 깊이 뻗고 나이테를 늘린다. 사람도 그래야 한다. 사람은 태어나서 죽을 때까지 여러 가지 경험을 한다. 개중에는 좋은 것도 있고 나쁜 것도 있기 마련이다. 어느 것에도 집착하지 말고 차별 없이 받아들이고 다시 내려놓아야 한다. 핵심은 좋은 것과 나쁜 것을 구별하지 않고 열린 자세로 경험하는 것이다. 그러면서 자신만의 견해를 다져나가야 한다. 힘들고 싫은 경험도 얼마든지 성장의 밑거름이 될 수 있다. 원효대사의 무애행이 대표적인 예다. 바른 견해를 가지고 있다면 어떤 경계에도 거리낄 게 없다.

해인사 일주문에 이런 글귀가 적혀 있다. '역천겁이불고 궁만세이장금(歷千劫而不古 亘萬歲而長今).' 천 겁이 지나도 과거가 아니요, 만세를 지나도 늘 지금이라는 뜻이다. 바르게 경험하고 경청하고 탐구하고 의심하는 사람은 항상 지금 이 순간을 온전히 살아가며 매 순간 자란다. 당장은 큰 변화가 눈에 띄지 않지만 시간이 흘러 그 작은 차이가 큰 사람과 작은 사람을 나누는 결정적인 요인이 된다. 따라서 매일 매 순간을 소중히 여겨야 한다. 오늘 나는 얼마나 자랐는가? 나는 지금 밥값을 제대로 하고 있는가? 진솔하게 묻고 당당하게 답할 수 있는 사람이 되었으면 한다.

사진으로 보는 해인사승가대학 생활

절에서의 하루는 늘 여법하게 시작합니다.
부처님 앞에 모여 앉아 오늘 하루도
부처님처럼 살아갈 것을 발원합니다.

집 떠나 사는 즐거움

스님이 되려면 새롭게 배우고 익혀야 할 게
많습니다. 세속의 몸가짐과 마음가짐을 덜어내고
출가 수행자로서 재탄생하는 과정이지요.

집 떠나 사는 즐거움

군 생활보다 힘든 게 절 생활이라고 하면
지나친 과장일까요. 그만큼 스님으로
산다는 건 만만치 않은 일이지만,
항상 곁을 지켜주는 든든한 지원자가 있어
힘이 됩니다. 부처님과 도반들!

집 떠나 사는 즐거움

절에서 하는 체육활동은 단순한
'운동'이 아닙니다. '울력'입니다.
이를테면 '축' 처질 때까지 '공(球)'을
차야 하는 게 '축구'지요.

집 떠나 사는 즐거움

우리나라에서 김장을 가장 많이 하는 곳은
어디일까요? 정답은 절. 어머님의 손맛
못지않은 게 스님의 손맛입니다!

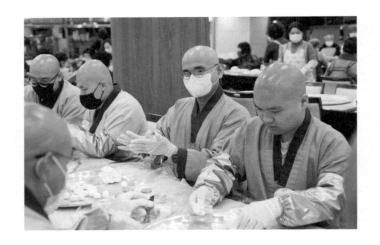

집 떠나 사는 즐거움

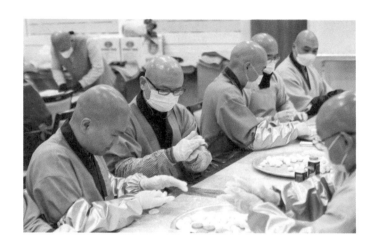

동지에는 오순도순 모여 앉아 새알심 빚는
즐거움이 있습니다. 요즘은 찾아보기
힘든 다정한 풍경이 남아 있는 곳이라
더욱 정겹습니다.

집 떠나 사는 즐거움

한겨울 내리는 눈은 스님들에게
마냥 반가운 손님이 아니지만,
때로는 동심으로 빠져들 멋진 시간이
되어주기도 합니다.

집 떠나 사는 즐거움

함께여서 행복한 시간.
언젠가 어엿한 스님이 되어서
'그땐 그랬지' 하고
추억에 젖는 날도 올 테지요.

집 떠나 사는 즐거움

© 해인사승가대학, 2023

2023년 2월 8일 초판 1쇄 발행
2023년 12월 15일 초판 2쇄 발행

집 떠나 사는 즐거움

© 해인사승가대학, 2023

2023년 2월 8일 초판 1쇄 발행
2023년 12월 15일 초판 2쇄 발행

지은이 해인사승가대학
발행인 박상근(至弘) • 편집인 류지호 • 상무이사 김상기 • 편집이사 양동민
책임편집 양민호 • 편집 김재호, 김소영, 최호승, 하다해 • 디자인 쿠담디자인
제작 김명환 • 마케팅 김대현, 이선호 • 관리 윤정안
콘텐츠국 유권준, 정승채, 김희준
펴낸 곳 불광출판사 (03169) 서울시 종로구 사직로10길 17 인왕빌딩 301호
　　　대표전화 02) 420-3200 편집부 02) 420-3300 팩시밀리 02) 420-3400
　　　출판등록 제300-2009-130호(1979. 10. 10.)

ISBN 979-11-92476-86-5 (03220)

값 18,000원

잘못된 책은 구입하신 서점에서 바꾸어 드립니다.
독자의 의견을 기다립니다. www.bulkwang.co.kr
불광출판사는 (주)불광미디어의 단행본 브랜드입니다.